絵：古矢鉄矢

「精神」の風が，大地の上を吹いてこそ，
初めて「人間」は創られる．

サン・テグジュペリ「人間の土地」より

北里大学農医連携学術叢書 第10号

東日本大震災の記録
－破壊・絆・甦生－

陽　捷　行・緒方武比古・古矢鉄矢　編著

養賢堂

目　次

東日本大震災の記録－破壊・絆・甦生－発刊に当たって ……………… iii
第1章　この国の生いたち ……………………………………………………… 1
第2章　破壊・喪失・互助・再生 ……………………………………………… 7
　　1．小さな体験から ………………………………………………………… 7
　　2．大学安全の視点から ………………………………………………… 16
第3章　東日本大震災の記録 ………………………………………………… 45
　　1．海洋生命科学部の東日本大震災対応 …………………………… 45
　　2．学生の健康 …………………………………………………………… 71
　　3．東日本大震災における北里大学の医療支援 …………………… 97
第4章　地震による三陸津波の歴史 ……………………………………… 121
第5章　座談会：未来に向けて
　　　　－破壊・忍耐・和・絆・奉仕・甦生・胎動・復興－ ………… 135
付：関東大震災と北里柴三郎 ……………………………………………… 175
おわりに ……………………………………………………………………… 213

東日本大震災の記録－破壊・絆・甦生－
発刊に当たって

柴　忠義

北里大学学長

　北里研究所・北里大学の学祖である北里柴三郎博士は，若き日に「医道論」を書きました．そこで博士は，医の基本は環境を配慮した予防にあるという信念を掲げ，広く国民のために学問の成果を用いるべきであると述べています．ここには，学問と実践を結びつけた実学の思想があります．「知と知」や「知と行」の分離はありません．

　一方，20世紀の科学は多くの技術知を獲得してきました．この技術知は，われわれに多くの便利さと幸せを提供してくれました．しかしこの技術知は，専門分野への没頭や専門用語の濫用など独善的な面を作りあげました．さらに技術知は，文化の継承や歴史から学ぶ時間軸などへの配慮が足らず，不易流行，温故知新，医食同源などの言葉に表される知と知の統合，すなわち統合知の獲得にまで及ばない点がありました．

　生命科学のフロンティアをめざす北里大学では，北里博士の教えや統合知の視点から，農学，環境および医学の分野が密接に連携し，実学の思想を今なお生かすべく，六年前から環境を通して農学と医学を連携させるため「農医連携」という言葉を発信し，研究・教育・医療・普及の進展に努力しています．現代社会が直面している感染症，食の安全，重金属汚染，地球温暖化などの問題を解決するには，環境を通した農医連携の考え方と実践が不可欠です．

　話は変わります．この度，不幸にもわれわれは東日本大震災に遭遇しました．大震災は多くの人びとの生命と生活を容赦なく奪っていきました．想像

を絶する今回の地震と津波という環境変動は，農業生産と健康問題に大きな影響を与えています．この大震災によって，われわれは環境を通した農医連携の必要性をさらに深く思い知らされました．

　今回の大震災によって，岩手県大船渡市に所在する北里大学海洋生命科学部・水産学研究科も人的および物的な被害に遭いました．今回の大震災を農医連携にかかわる事象ととらえ，北里大学が体験した震災にかかわる教育・研究・医療・普及に関して「北里大学農医連携学術叢書10号：東日本大震災の記録－破壊・絆・甦生－」と題し，それらの内容を記録したのがこの本です．農医連携に関心のある読者，また東日本大震災に関与された方々に何らかの参考になれば幸いです．

　最後に，東日本大震災に被災された方々，震災後の今なお厳しい状況におかれておられる方々に，心からお見舞い申し上げます．

第1章
この国の生いたち

陽　捷行
北里大学副学長

1．はじめに

　今から33年前の1979年，イギリスの科学者ジェームス・ラブロックは，地球がわれわれ人間と同じような一つの巨大な生命体であるとする「地球生命圏ガイア」なる概念を提案した．ガイアとは，ギリシャ神話にでてくる大地の女神のことである．遠いむかし，ギリシャ人は大地を女神として敬い，「母なる大地」に畏敬の念をいだいてきた．わが国最古の歴史書である古事記にも，同じように大地を石土毘古神(いわつちびこのかみ)と称し，これを敬ってきた歴史がある．いずれも，われわれ人類が描いた壮大な神話の世界である．

　人間の誕生はもとより，すべての生きとし生けるものはこの「母なる大地」から生まれた．誕生後もまた，大地によって育まれている．そして，すべての生命は，太陽系に一つしかない地球生命圏という船に乗って漂っている．これまでも，今も，そしてこれからも．

　この大地の崇高さをいみじくも言い得たのは，中国の賢人「孔夫子」である．林蒲田の「中国古代土壌分類和土地利用」によれば，漢の時代の劉向が「説苑」という書の「臣術」篇に，孔子の語った大地に託する想いが記述されている．孔子は大地の偉大さを熟知していた．

　　－為人下者，其猶土乎！
　　　種之則五穀生焉，禽獣育焉，
　　　生人立焉，死人入焉，

第 1 章　この国の生いたち

其多功而不言－

人の下なるもの，其はなお土か！
これに種(う)えれば，すなわち五穀を生じ，
禽獣育ち，生ける人は立ち，死せる人は入り，
その功多くて言い切れない．

　人間がこの地球上で繁栄できたのは，3 mm のオゾン層，18cm の土壌，11cm の水，15km の大気および500万種に及ぶ生物などの環境資源が存在しているからである．大気上空の成層圏にあるオゾン層は，0度1気圧で地上に圧縮するとわずか3 mm しかない．成層圏のオゾン層が5億年も消失することなく，太陽からの紫外線を防いでくれたから，生物は海洋から陸上に出現した．地上から約15km 上空にしかない対流圏の大気の酸素濃度が，4億年前から常に約21％に維持されているから，生きものは呼吸し生存し続けている．水の惑星と呼ばれる地球上に人間が直接利用できる水は，地球の表面に存在する土壌に湛水すると，たかだか平均11cm ほどしかない．さらに大切なことは，生きものを養う土壌が3～4億年も営々として生成され続け，いまでは陸地の平均18cm に維持されているから，地上の植物や動物は育まれてきたし，これからも育まれていく．

　地球の生物は，今日確認されたものだけでも約139万種，未知のものまで含めれば500～1,000万種といわれている．われわれ人類は，この多様な生物種の進化の最終段階に多様な生物との共存・共生を前提に誕生してきた．共存・共生の仲立ちをしてくれているのは，上に述べた成層圏のオゾン層と対流圏の大気と大地にある水と土壌なのである．

2．環境の変動

　司馬遼太郎は，大阪書籍の「小学国語　6下」に「二十一世紀に生きる君たちへ」と題した一文を載せている．司馬が環境をどのようにとらえていたかが，この文章の中にみごとに表現されている．

むかしも今も，また未来においても変わらないことがある．そこに空気と水，それに土などという自然があって，人間や他の動植物，さらには微生物にいたるまでが，それに依存しつつ生きているということである．
　自然こそ不変の価値なのである．なぜならば，人間は空気を吸うことなく生きることができないし，水分をとることがなければ，かわいて死んでしまう．
　さて，自然という「不変のもの」を基準に置いて，人間のことを考えてみたい．
　人間は－くり返すようだが－自然によって生かされてきた．古代でも中世でも自然こそ神々であるとした．このことは，少しも誤っていないのである．歴史の中の人々は，自然をおそれ，その力をあがめ，自分たちの上にあるものとして身をつつしんできた．
　その態度は，近代や現代に入って少しゆらいだ．人間こそ，いちばんえらい存在だという，思いあがった考えが頭をもたげた．二十世紀という現代は，ある意味では，自然へのおそれがうすくなった時代といっていい．

　司馬遼太郎が逝去して16年の歳月が経過した．氏が生前に語ったこれらのことは，残念なことに今では正しくない．今では，土壌が，水が，大気が，オゾン層が，生物がことごとく変動しつつある．何億年という歳月をかけてできた土が汚染し侵食され，水の惑星といわれた地球の水が汚染し枯渇しつつあり，地球を適度に暖めてくれていた大気の温暖化が進み，太陽からの紫外線を遮蔽し，生命を保護していたオゾン層が破壊されつつあり，希少価値の生物が絶滅しつつある．地球の環境資源は不変ではないのである．

3. 日本列島の生い立ち

　地球の変動はさておき，わが国の列島を眺めてみる．日本列島は花さい列島と呼ばれている．花を編んでつくった首飾りのように，北から千島弧，本州弧，琉球弧が円い弧を描きながら連なっているからである．

　アルプス造山運動は，この日本列島の土台を築いた．新第三世紀と呼ばれる時代になると，アジア大陸の東縁に激しい断層運動などの地殻変動が起こり，この列島の地形と地質を複雑なものにつくりあげた．

　このような日本列島の成り立ちは，せまくて細長い国土に山ばかりをつくる結果になった．洪積世には火山活動がさかんで，地表は火山で覆われていた．沖積世に入って，寒冷な気候が続くが，そのあと，暖気候と寒気候をくりかえしたのち現在の気候に落ち着く．

　気候が落ち着くと，これに適した植物が茂りはじめるが，雨による土壌の浸食も激しくなる．山や丘陵は浸食されて，土壌は川に運ばれ河床を埋めていく．そして，沖積平野が形づくられる時代に入る．国土の十数パーセントを占めているわが国の平野は，こうしてできた．

　芭蕉の句に「五月雨を　あつめてはやし　最上川」とあるように，川の数は多いものの，傾斜が急で，広い沖積平野は数えるほどしかない．

　伝統的な農村では，自然立地条件に最も適した土地利用が行われている．関東平野を例にとれば，水田は水を得やすい沖積低地に，畑は排水のよい台地や自然堤防上に，集落はきれいな水を手に入れやすく，しかも洪水の危険が少ない台地斜面の下部や自然堤防上につくられてきた．森林から流出した水は田畑を潤し，河川を経由して沿岸に注いでいる．

　例えば，気仙地方の地形連鎖に思いを馳せてみる．新幹線の水沢江刺駅から気仙地方への入り口は，宮沢賢治がこよなく愛した「種山ケ原」高原から始まる．主人公の「風の又三郎」は，内陸と三陸沿岸の気流が交差する地域で生じる天候変化の化身であろう．命の紡ぎとなる水が，ここで生まれる．この水は，種山ケ原から気仙の大船渡湾や広田湾などへのなだらかな傾斜によって樹園や畑地や水田を潤し，白砂青松と呼ばれる高田の松原のような海

原に，豊かな養分を含みながら流れ込む．このような森林から流出される水には，有機物にキレート（カニの鋏）された鉄など多くの養分が含まれており，湾の漁場を潤している．

　われら日本人は，このような自然条件の中で農業と漁業を営みながら，縄文・弥生・大和・飛鳥・奈良・平安時代という原始および古代を，鎌倉・室町・江戸時代という中世および近世を，そして，近代の明治・大正・昭和・平成を生き続けてきた．稲作と沿岸漁業を中心とした文化を育みながら．

4．日本列島の構成

　続いて，このような日本列島を構成しているプレート（岩板）を眺めてみよう．地球の表面は，プレートという巨大な岩の板で覆われている．地球には全部で十数枚のプレートがあって，それぞれ別の方向に毎年数cmずつ動いている．プレートとプレートが接近するところでは，ぶつかりあうことで力がかかり，地震のもとになる力が蓄えられる．プレートの境界付近では力がひしめき合い，周期的に大地震が起こる．

　日本列島には四つのプレートが存在する．「太平洋プレート」と「フィリピン海プレート」は，それぞれ西と北北西に向かって，日本列島を乗せている「ユーラシアプレート」と「北米プレート」の下にすべりこんでいる．そのため，世界の地震の10％は日本周辺で発生している．日本は最も地震の多い国といえる．

　この地震と海底火山は津波を呼ぶ．津波という驚異的な自然の変動は，新たな環境を創出する．その環境変動に伴って，農林水産業は多大な影響を受ける．これらの影響は自ずと被害を被った人間の健康にも多大な影響を及ぼす．

　今回の東日本大震災は，太平洋プレートが北米プレートに沈み込む日本海溝の境界付近で発生したマグニチュード9.0の大地震による．2001年3月11日の午後2時45分頃のことであった．この地殻変動は，震源20km，長さ450km，幅150kmに達する巨大なものであった．太平洋プレートの沈み込みにより，海底の北米プレートが8mも跳ね上がったという報告もある．この跳ね上がりが10mを超える大津波を誘発した．これこそが，平成23年度東

日本大震災の根源である．

　このため，環境が一瞬にして吹っ飛んだ．そのうえ，その環境を価値づけていた多くの人びとをも飲み込んでしまった．地球の直径は約1万3千kmである．人びとは，地球の表面にある薄皮のような20cmにも満たない表層土壌に這いつくばって生きている微生物のような存在に過ぎない．

　上述したように温和な気候と豊かな自然をもつ日本列島は，四つのプレートに囲まれ，いつ巨大な地震が起きてもおかしくない地盤の上に位置している．近年，東日本大震災に続いて，特に東海地震，東南海・南海地震，日本海溝・千島海溝周辺海溝型地震，首都直下型地震が間近にせまっているといわれている．今回の東日本大震災の経験と記録が，せまり来る震災のための何らかの資料になることを願っている．

第2章
破壊・喪失・互助・再生

1．小さな体験から

陽　捷行

北里大学副学長

巨大地震と大津波

　環境は不変か．そんなことはない．環境資源と呼ばれる土壌，水，大気，オゾン層および各種の生物種は，時間の経過とともに少しずつ変わる．この環境の変動に適応しながら，われわれは日々の生活を営んでいる．いま生活している環境が突然変動し，姿を変えるとは思って生きてはいない．

　しかし，この環境が一瞬にして吹っ飛んだ．その環境を価値づけ，その環境のなかで営々として生活していた多くの人びとをも一瞬に飲み込んでしまった．2011年3月11日午後2時46分に宮城県男鹿半島沖を震源として発生した東北地方太平洋沖地震と，それに伴う津波による環境破壊である．

　この地震は，日本の観測史上最大のマグニチュード（M）9.0を記録し，震源域は岩手県沖から茨城県沖までの南北約450km，東西約150kmの広い範囲に及んだ．場所によって異なるが，この地震により波高10m以上，最大遡上高40.5mにものぼる大津波が発生し，東北地方の太平洋沿岸に壊滅的な被害をもたらした．

　震災，液化現象，地盤沈下，ダムの決壊などによって，北海道・東北・関東の広大な範囲にわたり被害が生じ，各種ライフラインも寸断された．2011年6月15日時点で，死者・行方不明者は約2万3千人，建築物の全壊・半壊18万戸以上，ピーク時の避難者は40万人以上，停電世帯は800万戸以上，断水世

帯は180万戸以上にのぼった．

　地震と津波による被害を受けた東京電力福島第一原子力発電所では，全電源を喪失して原子炉を冷却することができなくなり，放射性物質の放出を伴う原子力事故に発展した．これにより，周辺一帯の住民は長期的な避難を強いられている．

東日本大震災―小さな体験―

　この章は，2011年の東日本大震災にかかわる小さな体験をもとに書いたものである．筆者の体験は次の5点に整理される．著者が，1）北里大学の水産学部（現海洋生命科学部）と獣医学部の学位授与式（3月9日～14日）に参加した前後と，2）海洋生命科学部と大船渡市が東日本大震災の被害を受けた6日後（3月17日～19日）の訪問と，3）大震災被害23日後（4月3日～5日）に海洋生命科学部，海洋バイオテクノロジー釜石研究所，大船渡市および釜石市を訪れた小さな体験やそこから知り得た情報と，4）大震災被害143日後（8月1日～2日）に大船渡市を訪れた体験と，5）震災後の新聞やTV報道で知った情報などからまとめたささやかな体験である．自然と生活の破壊，その被害を互いに助け合う人びとの絆，さらにはこれに立ち向かい新たに甦生しようとする人びとの姿を眺めてきたので，「破壊・絆・甦生」と題した．その内容については，地震と津波という自然の変動は，新たな環境を創出する．その環境変動に伴って人びとの生活の基盤であるさまざまな生業（なりわい）と健康は，大きな影響を受ける．2011年の東日本大震災によって人間が環境の産物であることが再確認された．また，地震と津波に伴う東京電力（この企業名の付記を忘れてはならない）福島第一原発事故は，この国のエネルギーと科学の安全のあり方を再考する機会を与えてくれた．なお，本稿は雑誌「ビオフィリア：特集号」と「北里大学学長室通信，情報：農と環境と医療62号」に掲載された内容をさらに加筆・修正したものである．この地震と津波による原子力発電所の破壊に伴う放射能汚染については，本書の趣旨から少し外れるし，筆者が現場を訪れたこともなく，さらに破壊からいまだ甦生に至っていないので，ここでは触れない．

1．小さな体験から

　北里大学の水産学部（現海洋生命科学部）学位授与式が始まったのは，平成23年3月9日の10時30分だった．3階建ての大船渡市立三陸公民館の1階では，授与式に参加した卒業生・父母・来賓・教職員のすべてが，どこの授与式でも見られるような厳かな雰囲気を味わっていた．同窓会長の挨拶が始まってしばらくした11時45分ごろ，震度5弱（マグニチュード7.3）の地震が発生した．長く激しい揺れにもかかわらず，全員が粛々と授与式を終えた．

　外では警戒のサイレンが鳴っていたにもかかわらず，一声も発しない学生たちの姿に感動した．学生たちはこれくらいの地震には慣れているという後からの教員の言葉に，なるほどと変に納得したものだ．このとき大船渡では，60cmの津波をみた．

　この地震は，マグニチュード9.0の大地震と優に10mを超える大津波の前兆だった．前兆であることが分かるのは，51時間後の3月11日午後2時46分以降だった．太平洋プレートが北米プレートに沈み込む日本海溝の境界付近で発生した地殻変動は，震源20km・長さ450km・幅150kmに達する巨大なものだった．海底で北米プレートが8mも跳ね上がったという報告もある．平成23年東日本大震災の根源だ．

　水産学部の授与式が終了した後，その公民館の3階で教職員と父母の謝恩会が開催された．続いて午後4時30分から大船渡プラザホテルで，学生による教職員への感謝祭が行われた．この感謝祭は学生の恩師への感謝なのか，自分たちの単なるパフォーマンスなのか判別しにくいところがあるが，毎年若者の熱気は最高潮に達する．

　その晩，筆者はこのホテルの4階に宿泊した．3月11日の大津波は，授与式のあった三陸公民館の3階まで，プラザホテルの4階まで飲み込んだ．大地震と大津波が51時間早く起こっていたら，大船渡の学位授与式に参列した多くの関係者は，この大災害に遭遇していたことだろう．地質学的時間で言えば，51時間はほんの一瞬に過ぎない．

　筆者が3月11日の大地震に遭遇したのは，本学獣医学部学位授与式が催された十和田市であった．式典は，十和田市民文化センターで10時から挙行された．式典終了後，14時30分から十和田富士屋グランドホールで祝賀会が開

催された．学部長の挨拶が終わった14時46分ごろ，あの忌まわしい震度7（マグニチュード9.0）の巨大地震が発生した．2階会場のシャンデリアがぶつかりあうなか，参加者全員沈着に無事屋外に避難できた．建物は倒壊しなかった．駐車場の車は左右に揺れ続けていた．

筆者はその後，十和田のホテルと市民病院で避難民生活を2日間過ごした．その後，北本の看護専門学校の卒業式に参列するため，十和田・青森・青函連絡船・函館を経由して羽田に着いた．ここで教訓を得た．南方に行くには北方の経路を探れ．

時計の針を少しもどす．獣医学部の授与式に参加した学長は，祝賀会には参加せず新幹線で帰京の途についた．学長が大地震に遭遇したのは，この新幹線の車中だった．一晩，車中の人となった学長は，翌日，盛岡・仙台と車を乗り継ぎ帰京し，すぐに緊急説明会を開催，対策本部を組織，陣頭の矢面に立った．対策とその経緯は北里大学のホームページに詳しい．学長のもと，多くの教職員が協力し，この危機を乗り越えた．

大震災の6日後の3月17日，学長補佐と筆者は対策本部が仕立てたバスで14時間かけて震災後の大船渡に出向いた．そこで見たパノラマは地獄の光景だった．ご遺体を探しておられる方，まるで宣伝車のような形で倉庫に乗り上げた車，丘に登った船，瓦礫の中にただ一本残された樹木，授与式が行われた公民館や宿泊したホテルにまとわりつく洗濯ホース，家具の残骸，樹木の切れ端など地獄図絵は枚挙にいとまがない．

悲哀にふける時間はない．高台にあるため被災を免れた海洋生命科学部に到着した後，教職員への激励，現場の見学，行方不明学生の父母との対面，大船渡市長・公益会会長・岩手県広域振興局大船渡支局課長などへの挨拶・会見，さらには行方不明学生の車の確認と市への捜索願の提出など，一日は瞬く間に過ぎ去る．そのなかでも忘れられないのは，行方不明の学生のご両親の姿だ．3月18日の夕刻7時，41名の学生・教職員とその家族らとバスで帰京．3月19日の朝7時30分，大学本部の白金に到着．学長を始め多くの関係者が早朝に迎えてくださる．これも感激だ．全員放射能の被曝検査を受けて美味いおむすびをいただく．

大震災の23日後の4月3日，学長補佐と筆者は再び14時間かけてバスで大船渡へ出向いた．震災直後の姿は少しずだが，変容しつつあった．その足でまだ訪れていなかった海洋バイオテクノロジー釜石研究所へタクシーで急ぐ．研究所の建物の1階の玄関のなかに，どこから紛れ込んだのか鎮座まします一台の自動車がある．2階はかろうじて災難を免れていた．職員との長い懇談のあと，牡丹雪が降り注ぐ昼なお暗い街を仮設の釜石市災害対策本部にでかけ，本学が世話になっている釜石市長と対策副本部長に会う．牡丹雪を背に受けて陣頭の矢面に向かう副本部長の後姿は，職務につく男の美が匂い立つ．夕刻7時にバスで大船渡を出る．

　バスの中から眺める4月5日の朝日は，万葉集の柿本人麻呂の詠った「東の野にかぎろうの立つ見えてかえり見すれば月傾きぬ」の歌にあるような，嘘のように平和な光を発していた．

　大震災の152日後の8月10～11日，海洋生命科学部長，学長補佐および筆者の3名で再び大船渡に出かけた．震災後丁度5ヶ月目に当たる．東北新幹線の水沢江刺で降り，レンタカーで種山ケ原を越え，なだらかな斜面に沿って大船渡に入る．大船渡市長に会い，今後の北里大学の市との共生や残された建築物の活用などの方針を報告する．その足で被災地を車窓から眺める．道路の瓦礫は整然と整理されているものの，瓦礫の山はまだ至る所に散在している．行方不明になった女子学生が流された現場を再び訪れる．現場は整備されているが，件の廃車はまだそこにある．ホテルも飲食店もないのでスーパーマーケットで夕飯とビールを購入し，大学の研修所に引き揚げる．翌日，津波でご主人を亡くされた大学の職員に会い，哀悼の意を伝え，被災時を回顧する．

環境と日本人と感性と

　ながながと短い期間の四回にわたる大船渡や釜石の来し方行く末を記した．

　「人は人と人の関係において，はじめて人である」とは，筆者が「環境を考える」と題する講義でしばしば語る言葉だ．その人は，どこで人と人の関係

を結んでいるか．それは環境の中だ．ところで，現実の日々の中で「環境」とは何か．それは自然と人間との関係にかかわるもので，環境が人間を離れて，それ自体で善し悪しが問われているわけではない．両者の関係は，人間が環境をどのように観るか，環境に対してどのような態度をとるか，そして環境を総体としてどのように価値づけるかによって決まる．すなわち，環境とは人間と自然の間に成立するもので，人間の見方や価値観が色濃く刻み込まれるものだ．

　この環境が一瞬にして吹っ飛んだ．そのうえ，その環境を価値づけていた多くの人をも飲み込んでしまった．地球の直径は約1万3千kmだ．人びとは，地球の表面にある薄皮のような20cmにも満たない表層土壌に這いつくばって生きている微生物のような存在に過ぎない．環境と人の関係における環境の光の部分は，豊潤な食と健康と四季の提供だ．一方，陰の部分は非情と無情と過酷な試練なのだ．

　古来，日本列島には数多くの台風・地震・津波・竜巻などが押し寄せた．列島に住む人びとは，これらの自然現象に伴う数多くの災害を心ならずも受容し，これを行動力・包容力・忍耐力などで克服し，そして，正義感・責任感・使命感・危機感・知識力・行動力・判断力・忍耐力などで再生を図ってきた．これらの自然の驚異が，われら日本列島に住む大和民族と呼ばれる人びととの感性に深くかかわってきたと考える．あとは，この民族を束ねることのできる民衆のための政治があればいい．

　培われた感性とは，人びとが互いに思いやる優しさ，助けあう心，支援する心，奉仕する心などだ．これらの心を基として，被災地の方々は強靭な精神力によりこの過酷な状況下においても懸命に頑張っておられる．これこそが，日本人の持ち続けた真の力だろう．大本教団襲撃で拷問の末，衰弱死した信徒の岩田久太郎の詠んだ歌は，心に響く．

むちうたばわが身やぶれんやぶれなばやまとおのこの血のいろをみよ

　平成23年5月31日現在，死亡者15,270人，行方不明者8,499人にも上る大災

害は，日本列島に住む人びとの絆という，はるか古代から培われた特性を以下のように鮮明に表出し始めた．この姿は，冒頭ながながと記載した筆者の小さな体験と，その後に報道される日本や世界の大震災への対応から認識したものだ．

　まず，災害地が見せた人びととの我慢強さと秩序ある行動だ．震災6日後に観た大船渡市街での給油のために争いもなく並ぶ市民の忍耐強い姿は驚異的だ．続いて国家より優れた地方自治体の秘められていた姿だ．物資の供給や要員の派遣，さらには被害者の受け入れなど自治体やコミュニティー間の協力には目を見張るものがある．震災6日後に大船渡市で観た静岡県・山形県・台湾などの救援隊の姿がその例だ．

　さらには，アメリカ海兵隊のヘリコプター部隊が大学の運動場に着陸し，病人の救済に努力していた姿は，印象的だった．教育の視点からすると，被災中に実験用の貴重な材料のマツカワが学生たちの腹に収まったという現場の教職員の報告はすばらしい．実際の場でマニュアルに従わない学生たちのたくましさと行動力は，ここに記述しておくに値する．

　次は最澄の語った「一隅を照らす」に代表される個レベルの支援だ．次々と集まる国内外からの義援金，生活物資の供給，個人・企業の奉仕活動（ボランティア）などがこれに当たる．本学新入生のボランティア志願も良い例だ．

　最後は自衛隊，市町村長，警察，消防士，医師，看護師などの職務に忠実な献身的に働く姿だ．吉田松陰の歌が思われる．

体は私なり心は公なり私を役にして公に殉う者を大人と為し
公を役にして私に殉う者を小人と為す

　ギリシャの神に時間の神クロノス（Khronos：ニュートンの時間・機械的に流れる時間・時系列の時の流れ）とカイロス（Kairos：変化・逆流・停止する時間・歴史や人生の意味が変わる瞬間）がある．今回の大災害はカイロスの振る舞いと受け止めたい．受け止めた後の正義感・責任感・使命感・行動力とはなにか．それは，個人・自治体・社会・教育・研究・政治などがなべて

真摯に次の問題に対応することだろう．とくに学校教育において，このことを切望する．このことは，この列島に住み生かさせていただいてきた日本人の美質との邂逅でもある．次のことを順不同ではあるが，整理してみた．
学校教育で学ばせたい今回の教訓
○寺田寅彦の自然観と文明論：「災害をおおきくするように努力しているものはたれあろう．文明人そのものである」「文明が進むほど天災による損害の程度も累進する傾向がある」「流言飛語の責任のすくなくとも半分は市民自身が負わなければならない」．
○生態系への畏怖：人智を越えた何か偉大なものやリズム．地球生命圏あるいはサムシンググレートと呼ばれるようなものの存在意識．これらによる謙虚な畏怖の精神の獲得．
○ベーコンの哲学再考：「いま，われわれは意見において自然を支配しているが，必然においては自然の奴隷である．しかし，もし発見において自然に導かれるなら，行動において自然に命令することができる」「知は力なり．自然は服従することによってでなければ征服できない」などの哲学の再考．
○田邊元の「死の哲学」再考：メメントモリ（死を記憶せよ）の認識．
○明治天皇の歌に学ぶ：敷島の　大和心の雄々しさは　事ある時ぞ　あらわれにける．
○歴史に学ぶ：来し方行く末の科学．分離の病（知と知，知と行，知と情，過去と現在，人と生態系など）の克服．
○統合知の確立：技術知の限界を認識．技術知を活用した生態知の獲得．技術知と生態知を結んだ統合知の獲得の推進．例えば，環境を通した農と医の連携．
○上杉鷹山の三助の教え：自ら助ける自助，近隣社会が互いに助ける互助，政府が手をだす扶助の精神の教えを学ぶ．
○公益の何たるかの再考：単純な「コンクリートから人へ」「ダムはむだ」など防災視点の猛省．時勢と責任の倫理の再確認．
○エネルギー政策の再考：右肩上がりの社会は成立するのか．持続可能な社会を確立するためのエネルギー政策．

○自給率向上：40％の自給率ではたして国家は成立するのか．
○生物多様性の重要性：サンゴと褐虫藻と魚の生態にみられるように，一つが崩れるとゼロになること．被災により3－1＝0になる生物生態の認識．
○物質循環：ものみなめぐる思考の回復．レンタル思想の確立．
○物来順応の人物育成：物来たればこれに応じて対処できるような人物の教育．マニュアルとは対極の行動がとれる人物の育成．

　最後の「物来順応」は，第32代内閣総理大臣廣田弘毅が座右の銘としていた言葉だ．政治を志す人は，少なくともこの言葉を吟味し肝に銘じて民衆のための政治に参加すべきだ．学生の教育に還元すれば，後生大事にマニュアルだけを教えないことだ．マニュアルで成長した教職員が事に当たっている時代，このことを望むのは，高嶺の花か．

　自然科学が発達して，その恩恵を受けることに慣れてしまった現代の人間は，人間の能力の限界を忘れ，一般の人間には分からぬことも，専門家には分かるに違いないと，無理難題の解決をも専門家に付託することが当たり前のようになって来ている．専門家の方も，国民に負託されたとなれば，すこしでも応えようとするのは当然としても，いささか無理なことまで背負いすぎる嫌いがあるのも現状ではないか．

　日本人の美質との邂逅をもう一言語ろう．私たちは，防ぎようもない厄事がこの世の中には存在するのだという，しなやかな諦観の構えを持たなければならない．科学と合理性のみですべてを処置できるはずがない．われわれ人間の祖先は，安寧な自然の中で生きてきたわけではない．過酷な自然の中に生まれ生きてきた．仮に大多数の民族が天地異変によって消滅したとしても，残りの人びとは冷酷な自然の仕打ちを怨みながらも生きながらえ，次の世代に日本という存在を引き継いでいかなければならない．

　月は満ちていき，そして欠け，尽きてしまう．でもまたよみがえってきて満ちていく．これを繰り返す．生命は死ぬけれど，死なないのである．必ず死ぬものでありながら，民族はずっと続いて生きもする．生きていかねばならぬ．甦生せねばならぬ．失われた多くの人びと，まだ行方不明の北里大学の学生の命は，われわれの中に生きている．

2．大学安全の視点から

古矢鉄矢
北里大学学長補佐

はじめに

　平成23（2011）年3月11日14時46分に発生した東日本大震災は，北里大学海洋生命科学部・水産学研究科（在学生数796名）が岩手県大船渡市の地で約40年間営々と築いてきた教育の場を奪い去った．津波は学生の3分の1が居住するアパート153戸を全壊流失させた．5棟の校舎は3棟が損壊し立ち入りができなくなった．そのような状況の下で，59名の教職員は半数が住居を失いながらも学生救出に献身してきた．

　衣食住の生活基盤をなくし涙やまない学生の心身の安全を確保し，海洋生命科学の学理を修める目的にこたえ，安全な場所で教育を継続することは，大学の責務である．喪失の失意のなか，学部は学生の安全確保を第一に大学教育の一刻も早い再開を期して，やむをえず相模原キャンパスに緊急避難をした．他学部校舎を間借りするなどして連休明けより授業再開にこぎつけ，集中方式の授業をもって8月12日に前期日程を終了している．

　他方，岩手県釜石市にある北里大学海洋バイオテクノロジー釜石研究所は，海洋微生物を利用した創薬研究に取り組んでいる．釜石港に面した2階建て建物は，津波が1階をつきぬけ，所員9名はからくも難を逃れたが，研究機器やサンプル，研究データは破壊し尽された．国費を投じて収集された約5万株にのぼる世界的にも有数な海洋微生物ライブラリ（KMBIC，冷凍保存中）

も電源喪失のために融解の危機にさらされ，安全な場所への緊急移送を必要とした．都内移送後7月末まで復元作業をおこない，菌株70.3％を復元させた．研究所には7月中旬に電力供給が再開され，所員は研究再建に全力を傾けている．

30年間に99％の確立で発生すると予測されていた"宮城県沖地震"に備え，海洋生命科学部では地震・津波防災教育を徹底し，避難訓練を繰り返し実施してきた．施設の安全点検をおこない，危険物の撤去，重量棚の壁面取り付けなど地震による被害防止にも努めてきた．にもかかわらず学生1名のいのちが津波により失われたことは悔やんでも悔やみきれない．

筆者は，学生・教職員安否確認本部の置かれた相模原キャンパス（神奈川）において災害対策活動にかかわってきた．本稿では，大学安全の視点から今回の事象について，震災発生から1週間あまりの経過を「喪失」，地域の関係者や地方自治体などからいただいたさまざまな支援を「扶助」，その後の教育・研究再建の経過を「再生」，被災地の復興支援へ向けた本学の取り組みを「奉仕」として各節に報告する．むすびでは教学マネジメントの視点からみた大学安全と，震災を契機にわれわれのまわりに起こりつつある事象についても触れてみたい．

第1節 「喪失」

1 海洋生命科学部・釜石研究所の概要

海洋生命科学部は，海洋生物資源の利用と沿岸海洋生態系に関する教育研究を通じてこの分野の研究者・技術者の育成を目的とし，昭和47（1972）年に開設されてより，6,075名の卒業生を輩出してきた．海洋生物の教育研究は遺伝子，細胞，組織，個体，群，生態系のレベルでおこなわれている．学問領域は生命現象の解明，環境評価，増殖，養殖，食品利用・加工，流通，水産経済などを網羅する．

釜石研究所は，海洋微生物の機能解析と創薬利用を目的として平成20（2008）年に開設された寄附研究部門である．創薬候補物質の探索をはじめ

微生物利用による沿岸海洋環境浄化, 海洋乳酸菌による免疫機能賦活, 岩手県産名花名木酵母を活用した食品開発などの研究に取り組んでいる.

2　海洋生命科学部の周辺環境

　海洋生命科学部のキャンパスは大船渡市街地から24km離れた首崎半島(こうべざき)の木立のなかにある. リアス式海岸に面した40mの高台に校舎5棟を含む9棟の建物がおかれ, 学舎を営んでいる. 市町村合併前の三陸町は気仙郡に属し, 所在地の越喜来(おきらい)や綾里(りょうり), 住田(すみた)といった地名は遠野物語にも出てくるように, 伝統文化が息づく地域である.

　震災後6日目の3月17日, 筆者は陽副学長とともに海洋生命科学部にむかった. 普段なら新幹線と車を乗り継いで相模原から7時間もあれば到着するのだが, 災害救援車両の許可をえて東北自動車道の走行を許された救援バスを駆っても14時間かかった. バスは那須塩原を過ぎたあたりから波打つ路面のために上下動がひどくなり下車地の一関まで続いた. それはただならぬ事態が起こったことを予感させた.

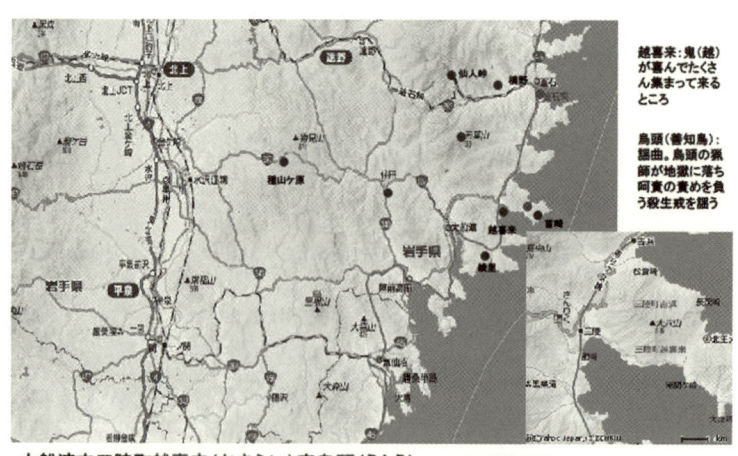

図2.1　北里大学海洋生命科学部(大船渡)　海洋バイオテクノロジー釜石研究所(釜石)

3　現地の避難行動・救助活動

　国道397号線の種山峠を越え，早朝，住田町にはいったあたりで給油を求めてガソリンスタンドにならぶ長蛇の車列とすれちがった．その日給油できるガソリンスタンドは市内3箇所4,000ℓに限られていた．左折すると大学，右折すると大船渡市中心部にむかう権現堂交差点では盛川のなかに材木，立ち木，漁船，車両，家屋の破片が雑多にうちあげられていた．一見したところ民家の被害は感じられなかったが，30分後の午前7時，三陸町浦浜地区を望む国道45号線からの光景には言葉を失った．建物という建物はほとんど消え失せ，ただ茫漠とした光景が広がる．おびただしい家屋の残骸や壊れた電気製品の破片，ひしゃげた車両，折れた電柱，ホースとおぼしき切れ端，衣類などがいっしょくたになってあちこちに山をなしている．わずかに残る三陸町公民館や越喜来小学校など形ある建造物は，ことごとく津波がつきぬけ，廃墟のようである．

　家族の行方を探す住民の姿が朝日の逆光のなかに立影となって残骸のところどころに浮かぶ．水際近くにたけの高いポプラかイチョウの木が一本残されている．以前は立ち込んだ住宅でさえぎられ見ることのなかった海がすぐ先に光っている．ほかにさえぎるもののない奇妙な景色が広がる．

津波は，仲間も家も生活も思い出も奪い去った．密集する住宅やアパートで見えなかった海がいま間近に広がる．行方の知れない家族の姿を求める人々が目に痛い．
大船渡市三陸町越喜来浦浜地区．正面は越喜来小学校　（2011.03.14撮影）

図2.2　津波後の三陸町越喜来浦浜地区

その海が地震後まもなく膨れ上がり，巨大な水の塊となって海面を半分ほども押し上げＦ４号館（マリンホール）下の谷を迫りあがってくるのを校舎にいた教職員・学生は見た．遡上高は約21mだったことがあとで分かった．

キャンパスにいた教職員・学生は当初，海岸にむかって住宅・アパートが立ち並ぶふもとの越喜来浦浜・崎浜地区の惨状を容易に想像できなかった．夕刻，声をなくし蒼白の顔をした学生や，涙がとまらない女子学生が続々集合場所のグランドに避難してくるのを迎えいれ，動転した彼らから事態を聞

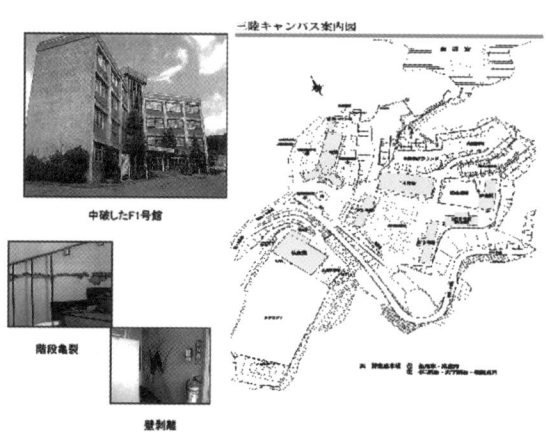

図2.3　三陸キャンパス

■学生数　2011.03.11 震災時
学生定員　640人
在学生数　762人
（学部715　大学院38　研究生9）
学部2年次生以上　524人
災害時在三陸学生数(a)　約230人
■教職員数
教員数(b)　29人
職員数(c)　29人
■在三陸学生家族など(d)　10人

■避難行動
避難行動　地震発生直後
避難場所　大学体育館
避難者　約300人（a～d+教職員家族）
避難生活　3/11～3/18
キャンパス秩序維持　3/11～5/8

■人的被害
行方不明学生　1人

■建物被害
校舎5棟中3棟が地震で損壊
（F1中破　F2F3小破　全建物の57%）
学生アパート全壊流出　153戸　27%
教職員住宅全壊・半壊　19戸

図2.4　北里大学海洋生命科学部被害状況

くに及んで想像を絶する災害が発生したことを知った．だがそれも大津波の襲った実景を前にすると息を呑むしかなかったという．

グランドに避難した学生と父母（前々日の学位記授与式に出席）は約230名，教職員（家族を含む）約60名，あわせて約300名が体育館前にテントを設営し，焚き火で暖をとり寒さをしのいだ．教職員は救護と施設の安全点検に追われた．手分けして浦浜・崎浜地区の津波被害と流出アパートの確認にも出かけた．余震はやむ気配がなく校舎に入るのは危険だったが，注意しながら備蓄食糧や医薬品を搬出し，学食・売店の食糧もテントに運びこみ自活に備えた．

4　大学の災害対策・救援活動

3月11日（金）15時，大学は災害対策本部を設置．15時05分，通常の連絡手段が失われたなかで唯一機能している衛星電話（平成16年（2004年）新潟中越地震の際，新潟キャンパス学院との連絡途絶を教訓として翌年6キャンパスに設置）により災害対策を始動した．災害対策本部は，法人本部のある東京都港区白金に「中央災害対策本部」，教学部門が集中する神奈川県相模原に「学生・教職員安否確認本部」，三陸現地に「現地対策・救護本部」を置き，3者の連携と情報共有に努めた．学生・教職員の安否確認は，学部生・院生・研究生と教職員全員について確実な情報を得るまで繰り返した（3月17日まで継続）．

3月11日（金）21時，6キャンパスとの交信の結果をまとめて「三陸・十和田など各キャンパス被災状況（第1報）」を大学HPに掲出し，保護者や友人学生などに速報した．現地での安否確認は夜間となり，携帯メーリングリストは通信回線落ちで使えず，自家発電による乏しい照明に加えて，限られた枚数の学生名簿は何度も書き直され，確認作業は困難をきわめた．

3月12日（土）10時，衛星電話1回線による安否確認は遅々としてすすまない．一方，外部からの問い合わせは安否確認本部へ間断なく入る．そこで確認作業と電話応対を円滑にするために連絡回線を切り分ける必要に迫られ，それを「三陸・十和田キャンパス被災状況・安否確認連絡先（第2報）」としてHPに掲出した．15時，東京電力福島第1原子力発電所1号機が爆発．

第2章 破壊・喪失・互助・再生

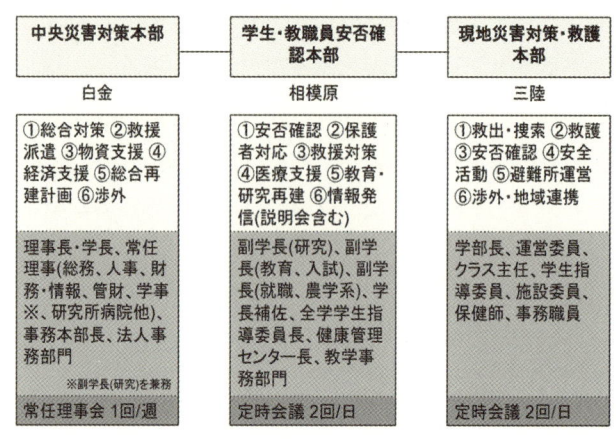

図2.5 震災対応組織

18時,安否確認のとれない学生(以下未確認学生)は59名,生存情報は伝えられたが不確定な学生(以下不確定学生)は110名にのぼった.19時,「被災状況(第3報)」をHPに掲出.21時30分,保護者に対する緊急説明会を翌日開催することを決定し,第4報としてHPにて速報した.

3月13日(日)10時,未確認学生41名,不確定学生65名.12時05分,緊急説明会における説明項目を,①学生の安否確認状況,②校舎・三陸研修所の避難・救護状況,③三陸キャンパスライフラインの確保状況,④校舎及びアクセス道路等の被害状況,⑤学生の救護・生活に関わる現地対策・救護本部の基本方針,⑥大学医療チームの派遣,⑦平成23年度海洋生命科学部授業運営の基本方針の7項目と決定した.

3月13日(日)15時30分,「三陸キャンパス被災状況と対策の現状」緊急説明会を開催し,柴学長から「救援バスによる学生一斉救出」の基本方針を表明した.現地被害状況を勘案し,昨夜発意した「平成23年度海洋生命科学部の授業は相模原にて再開,入学生が卒業するまで4年間実施」も説明した.学生一斉救出と相模原での授業再開は,現地との意見調整をした上で,大学の一貫した方針として伝達された.

緊急説明会では,保護者から個別に救出に入りたいとの要望が相次いだ.現地からは,早く危地を脱出したいという学生の申し出が緒方学部長から伝

1　学生の安否確認状況
2　大学校舎・三陸研修所への避難・救護状況
3　三陸キャンパスライフラインの確保状況
4　大学校舎及びアクセス道路等の被害状況
5　学生の救護・生活に関わる現地対策・救護本部の基本方針
6　大学医療チームの三陸キャンパス派遣
7　平成23年度海洋生命科学部授業運営の基本方針

相模原L1号館　2011.03.13

配布資料
安否確認済み学生リスト
安否未確認の学生リスト

図2.6　緊急説明会　3/13

えられ，不足気味の食糧と寒気のなかでの避難生活の困難と，徐々に明らかになる被害の深刻さも連絡されてきた．しかし，災害出動をのぞき，一般市民の現地入域はままならない状況であり，不測の二次災害発生を防止し安全確実に避難するためには，救援バスによる一斉救出が最善の策であることを説明し，学生・保護者・参加者の理解を求めた．一斉救出は翌3月14日，実行に移された．

　3月13日（日）21時25分，本格的な情報発信を行うために，学生・教職員の最新の安否情報，救援バスの派遣，大学医療チームの派遣など14項目を柱とする「発信情報コンテンツ」を決定した．未明に，食糧1万食，毛布，衣料品，医薬品，簡易調理器具，簡易燃料などを積んだ物資輸送車両第1便を派遣（14日21時三陸着）した．

　3月14日（月）早朝，電力の計画停電により首都圏の各交通機関は一斉運休．11時，東京電力福島第1原子力発電所3号機が爆発．相次ぐ原発爆発で，放射線被ばくが懸念される危険地帯への運行は請け負えないとするバス会社との派遣交渉は難航した．救援バス第1便3台に，岡田医師（健康管理センター長）・蛯名保健師・柘植臨床心理士（准教授）からなる「大学医療チーム」が搭乗し相模原キャンパスを出発できたのは13時であった（15日0時三陸着）．到着後ただちに搭乗者の健康診査を行い，2時30分，学生と父母ら164

学生の皆さんの救護・生活に関わる現地対策救護本部の基本方針について

1) 近日中に全員、チャーターバスにて首都圏に移動します。これは安全確保を最優先とし、学生の皆さんが個々に移動することによって不意の2次災害を回避するために、一斉移動が最も適切であると判断したものです

2) 安全移動の条件が整うまでの間、全員、大学のケアが行える大学校舎に滞在します

3) その間の生活必要物資の補給を関係方面に要請します

4) 衛星電話を用いてご家族の皆さんと学生の皆さんが直接近況を連絡できるように極力努めます（ただし衛星電話（一回線、電源不十分）は緊急連絡用として優先）

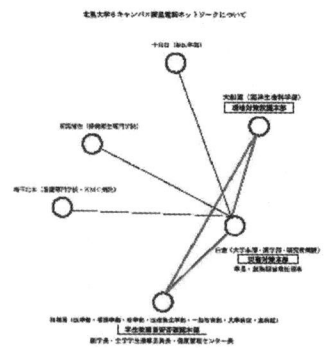

図2.7　現地災害対策・救護本部「救護・生活の基本方針」

名は健康状態に応じて3台に分乗し白金に移動した（15日17時着，北里研究所病院にて放射線被ばく検査）．17時25分，現地災害対策・救護本部の基本方針をHPに掲出．20時，未確認学生16名，不確定学生42名．20時，「学生安否確認状況（第1報）」をHPに掲出した．

3月15日（火）14時，救援バス第2便2台を十和田キャンパスから派遣（15日20時三陸着）．20時45分，第2便にて学生ら85名が白金に移動した（16日7時着，北里研究所病院にて放射線被ばく検査）．十和田に戻る第2便は，第1便で救出された学生の東北帰省バスとして帰路主要都市を経由する便宜をバス会社にはかっていただいた．

3月16日9時30分，未確認学生4名，不確定学生0名．第1便・第2便搭乗者の放射線被ばくはないことが検査にあたった医師から報告されたが，引き続きチェック体制維持を申し合わせた．

3月17日9時，「教職員安否確認状況（第1報）」をHPに掲出．18時，未確認学生2名，不確定学生0名．安否確認における不明状況は，緊急説明会を境に打開されていった（下図）．19時30分，救援バス第3便1台を相模原から派遣した（18日7時三陸着）．3月11日以来大学に寝泊りし交代で支援にあたってきた20名の教学センター職員は，臨時体制からこの日解放された．

3月18日12時，行方不明の瀬尾佳苗さん（2年次生）と学生1名の捜索願

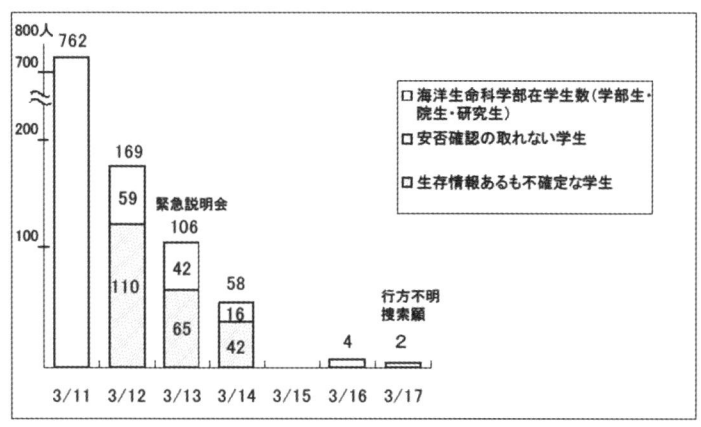

図2.8 安否確認状況の推移

を大船渡市災害対策本部に提出（学生1名は3月19日に安否が確認された）．19時，学生・教員家族・教職員41名が白金に移動した（19日7時着，北里研究所病院にて放射線被ばく検査）．この第3便にて体育館に避難していた学生ら全員の救出を完了した．白金中央災害対策本部と相模原安否確認本部は，活動の軸足を「安否確認」と「救出」から，「教育再建」と「学生の引越し・経済支援」に移した．

5　海洋生命科学部の防災教育・安全点検

　海洋生命科学部では防災教育に力をいれ，学生指導委員会と学生課が連携して避難訓練と防災講習会を重ねてきた．「大地震は必ず来る」「地震＝津波」「津波のときは徒歩で逃げる」「遠くでなく高いところに逃げる」が解説され徹底された．

　学生には防水加工されたポケットサイズの「防災のしおり」をつねに携帯するよう指導してきた．それには「三陸の宿命・TSUNAMI」「地震＝津波・逃げるが勝ち」「第1避難場所：学部グランド」と記されている．

　地震対策には施設委員会が啓発・点検安全活動に取り組んできた．阪神・淡路大震災の教訓を活かした「地震対策マニュアル」「地震対策実施例　写真と解説」を作製し，委員会自身が施設設備点検を実施している．その備えが

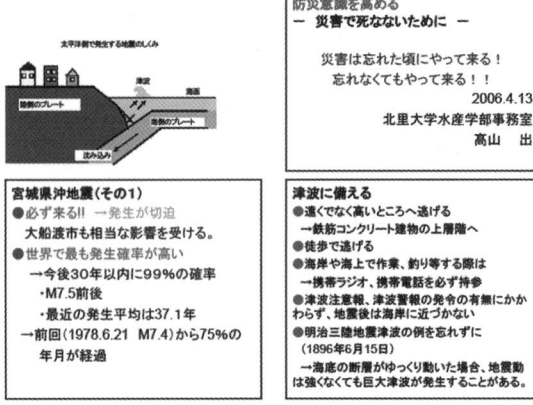

図2.9　避難訓練・防災講習会

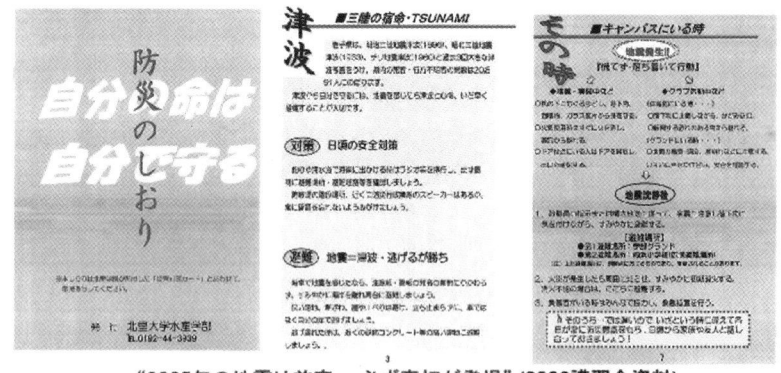

図2.10　防災教育

あって，ドアの閉塞や重量棚の倒壊による負傷者はまったくなく，失火による二次災害発生も起きずにすんだ．

6　災害対策本部の運営

三陸「現地災害対策・救護本部」は，学生の救出，救護，安否確認，安全活動，避難所運営に専心してきた．3月12日から5月8日（教職員移動完了

研究室入りロの外部に壁に接してロッカーがある．
ロッカーが倒れた場合，このドアは開かなくなるので，
ロッカーを別の場所に移動するか，固定処置をする．

スチール製棚の薬品庫（両開き扉式，ラッチなし）
1．振動で扉が開く
2．危険な薬液ガラス瓶
対策＞この種の薬品庫は，使用を中止する

水産学部施設委員会：「地震対策実施例 写真と解説」，2004より

図2.11 施設委員会の点検安全活動

日）までは毎日，9時と16時に全教職員によるミーティングを開いて情報を共有し，問題の解決に努めた．

相模原「学生・教職員安否確認本部」は，安否確認，保護者対応，救援対策，医療支援，情報発信を担当した．副学長3名，学長補佐，全学学生指導委員長，健康管理センター長に教学実務者を加えた12名が合議し対処した．震災後の10日間は毎日2回，その後の14日間は毎日1回定時ミーティングをもった．5月連休後も月1回開催し，海洋生命科学部の教学運営を中心に協議を続けている．

白金「中央災害対策本部」は，総合対策，救援派遣，物資支援，経済支援，渉外を担当した．理事長・学長，常任理事6名，事務本部長に法人実務者が加わり，11名が毎週1回開催される常任理事会で合議し，対処した．急を要する事案は，常任理事会への一任が3月18日の理事会で決議された．

だが，三つの災害対策本部は，緊急時に備えて前もって準備されていた訳ではない．各本部による機能分担は，法人業務は白金で，教学業務は相模原でという慣行と，1年次生の学籍管理は一般教育部（相模原）が所管しており相模原なら安否確認がしやすいとの認識が，自然に分担体制をとらせたものである．衛星電話が活用できたことも連携活動に有効だった．しかし，3者の協調が整うまでの初動2日間は，必ずしも能率的だったとは思えない．

各人の役割分担が明確になり，連絡の行き違いや共有情報の粗密が解消され，遅滞なく意思決定ができるような体制が整ったのは3月13日であった．

　反省点として2点をあげておきたい．学生救出の途上では，筆者が精査確認を怠ったためにガソリンの誤配をまねき，苦境にある現地災害対策・救護本部をさらに苦しめる結果となった．通信手段が失われた釜石研究所とは3月18日まで連絡が途絶えたままだった．被害状況を確認できないまま下された「釜石研究所廃止の方向」の決定は，疲れきった所員を失望の淵に追いやった．それらは悔恨となって立ちのぼる．

7　情報発信

　発信情報は3月14日に13報，3月17日までに28報，3月累計は45報，8月31日までの累計は60報に達した（下図．詳細は巻末の参考資料を参照）．

　本学はもともと情報発信が下手である．そのために震災発生では情報発信を通じて社会とどのように向き合うのか，その姿勢が問われた．そこで安否確認本部ではよりどころを「情報危機管理5原則」とし，それに沿って情報発信を行ってきた．5原則は，迅速な発信，目標（ゴール）までの基本的な枠組みと道筋の提示，5W1Hに基づく明快な内容，事実の正確な伝達などである．情報発信を担当した筆者は，5原則のほかに特に次の3項に注意をは

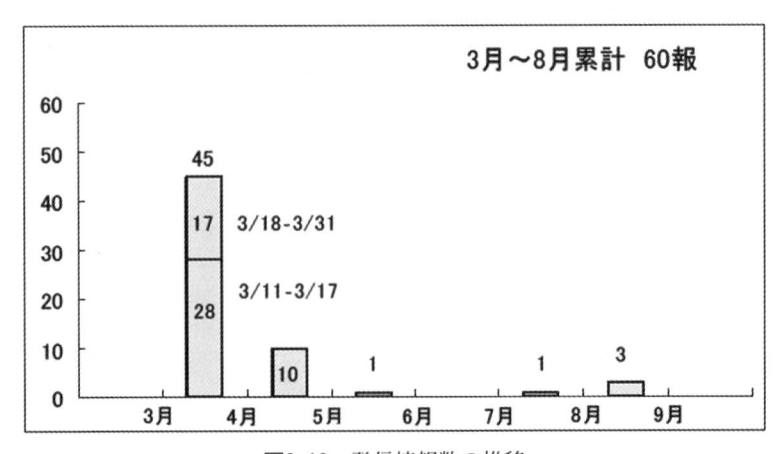

図2.12　発信情報数の推移

```
■情報危機管理5原則              ■東日本大震災の情報発信
第1 完璧さより迅速さを            で念頭に置いた3項
第2 事実に向き合う基本的な       1  先を読む「想像力」
    枠組みを確定させる           2 「時間」に追いつき「時間」
第3 5W1Hに沿った広報活動          を超える
    の展開                      3  戻れないことの決定をため
第4 うそ、歪曲、隠蔽をしない        らわない「勇気」
第5 小出しにせず一次情報で
    決め込む                    ■チェック機構
                                読合せ、2人の外部モニター
高梨修「広報活動と危機管理」2002.01を要約
```

図2.13　学生・教職員安否確認本部「情報危機管理5原則」

らった．

　一つは「想像力」を働かせること．相手の欲していること，事態の展開のゆくえ，全体の枠組みの範囲を想像しながら発信情報をまとめた．二つ目は「時間」に追いつき「時間」を超えること．「時間」に追いつくとは，道筋を明らかにする．「時間」を超えるとは，終着点の全体像を示すことを意味する．三つ目は後戻りできないことへの決定をためらわない「勇気」をもつこと．精査確認をし，もっとも優先すべきことを決定の尺度として，勇気を奮って進むよう心がけた．

第2節 「扶助」

1　自助

　すでに述べたように海洋生命科学部では平成17（2005）年から本格的に防災教育に取り組み，啓発活動，避難訓練，救護訓練，施設設備点検と安全対策のほか，衛星電話の設置，食糧・燃料の備蓄も行ってきており，震災発生時には混乱もあったが比較的予定した避難行動，防災活動を行えた．

2　共助・公助

　しかし，自助にはおのずから限界がある．「北里大生200人孤立」の報道に

はいち早く，岩手県，大船渡市の連携による救援の手が差し伸べられた．岩手県科学ものづくり振興課・佐々木総括課長と古舘主幹から3月12日15時30分，県総合防災室を経由して内閣府に自衛隊派遣が要請され，緊急物資が3月15日に届けられた．本来，本学が要請すべき必要な手続きを肩代わりしてくれたものだった．

大船渡市戸田市長は，学部への緊急物資支援（3月13日）と，行方不明者の捜索を市災害対策本部に指示（3月18日）し，臨機の対応を指揮された．大船渡市自体が被災対策で繁忙のさなかのことだった．三陸町公益会は避難所となった体育館での学生・教職員の自活に便宜をはかってくれた．

米軍海兵隊ヘリコプターが3月18日，三陸キャンパスに飛来し，傷病者救出に機動性を発揮した．幸い該当する傷病者はいなかった．三水会（水産学部同窓会）は，全国的にガソリンが不足気味のなか，学部のみならず地域市民の生活も賄える量のガソリン1万8,000ℓをタンクローリーで送り届けてくれた．半量は漁業協同組合などに提供された．

釜石市災害対策本部佐々副本部長と関課長は孤立した釜石研究所所員の支援にあたってくれた．元MBI（釜石研究所の前身）社員からは救援物資が届けられた．海洋微生物ライブラリ（KMBIC）の移送と復元作業には，製品評価技術基盤機構（NITE）の力添えをいただいた．

相模原に移動した約430名の自宅外通学生に対するアパートの確保や，教職員の児童生徒の小中学校受け入れには，相模原市企画部淡野部長が"ワンストップ"で関係部局との調整を引き受けてくれた．高校については県教育委員会との仲立ちもしてくれた．

相模原における海洋生命科学部校舎の不足には，県立麻溝台高等学校池田副校長が県教育委員会と交渉し，高校校舎の部分使用許可（実際には大学校舎をやりくりし利用にあずかることはなかった）を取り付けてくれた．

大学はじつに多くの，さまざまな形の献身的な共助と公助に助けられてきた．

3　大学の共助

多職種の医療者と大学病院を擁する本学は，被災の当事者であるが，本来，

医療支援を通じた被災者救護を使命とする公共的な役割がある．DMAT（Disaster Medical Assistance Team；災害派遣医療チーム）の派遣に加え，医師・看護師・薬剤師・業務調整員7〜8名で構成される独自の「北里大学医療支援チーム」を大船渡市に派遣し，市民の救護・診療活動にあたってきた．派遣チームは延べ4チーム，派遣期間は3月18日より3月29日，医療活動は1チーム3日間延べ12日間，受診者は923名を数えた．

図2.14　大学の医療支援活動

第3節「再生」

1　教育再建

海洋生命科学部の教育は，2年次生以上は5月連休明けから，1年次生は4月11日から相模原キャンパスで再開することを3月18日の理事会で決定し，学生諸君と保護者に周知した．被災学生への見舞金支給，学費減免，給付・貸与奨学金支給のほか，三陸アパート解約金，相模原への引越し費用，アパート家賃の地域間差額，チャーターバス運行費も大学が負担することを伝え，教育再開に向けて万全の経済支援体制をしいた．

海洋生命科学部の支援学生数は1,288名，支援額は2億8,500万円であった（6月20日現在）．経済支援は，東日本大震災・長野県北部地震・東京電力福

■学生教育の再開
1)場所:相模原キャンパス、期間:平成23～26年度(4年間)
2)2～4年次生・大学院生の授業:5月連休明け再開
3)1年次生の授業:4/4～4/9オリエンテーション、4/11授業開始(例年どおり)

■学生への経済的支援
4)学生の住居移転費用などの支援
5)新入生・在学生及び家族の東日本大震災・長野県北部地震・福島原子力発電所事故による被災支援

■「教育の場」の移設
6)場所:相模原キャンパス、平成23～27年度(5年間)

図2.15　学生教育の再開　「教育の場」移設

島原子力発電所事故によって被災した全学の学生(家族を含む)も対象とした．災害見舞金，学費免除，給付奨学金，学費貸与を受けた全学学生数は245名，支援額は1億319万円であった．(9月9日現在)．

　授業再開に向けた最大の困難は，講義室・実験実習室・研究室など教育研究施設の確保が見通せないことだった．教学センターでは未利用の施設はもちろん，各学部の利用頻度の少ない教室はすべて利用対象施設として見積もったが，3月下旬までに確保できた施設は三陸校舎面積12,234㎡に遠くおよばなかった．授業時間表を落とし込む作業には3月28日から取りかかり，数度の書き換えのすえに運用可能な時間割としてまとめられたのは，授業開始準備に追われていた4月20日となった．

2　教育の場の移設届出

　教育の場を別の地に移すことは，通常，学則の記載事項である位置の変更(学校教育法施行規則5条)に該当し，文部科学省に届け出なければならない．ところが本学のように，学部の位置も変えず，三陸校舎の教育利用目的も変更(同2条)せずに，相模原に避難をして教育を行うケースは，いずれにも該当しないことが折衝の結果分った．そこで，規定にはあてはまらないが，学則変更届に準じた「教育の場の移設」として3月31日付けで届け出る手続きをとった．

理由書は7章からなり，被災により継続的な教育を行う上で困難な状況に至ったので，平成23（2011）年度から平成27（2015）年度までの5年間，相模原にて教育を行うことが記述された．7章の構成は次のとおり．Ⅰ．移設する課程等について（1 移設する課程，2 移動する学生，3 移動する教員），Ⅱ．三陸キャンパスの校地・校舎等について，Ⅲ．被災状況について（1 学生の安否確認状況，2 教職員の安否確認状況，3 学生・教職員の避難行動及び救援活動，4 校舎等の損傷状況，5 学生のアパートの損壊流出状況），Ⅳ．海洋生命科学部及び水産学研究科の今後の対応方針について，Ⅴ．学生等への具体的な支援内容について（1 三陸キャンパス学生への移転資金などの支援，2 全学の被災学生・入学予定者への経済的支援，3 三陸キャンパス教職員への赴任旅費などの支援），Ⅵ．平成23年度教育スケジュールについて（1 平成23年度海洋生命科学部及び水産学研究科の学生数，2 海洋生命科学部1年次生の教育計画，3 海洋生命科学部2年次生〜4年次生及び水産学研究科学生の教育計画），Ⅶ．相模原キャンパスにおける施設・設備・図書の確保状況について（1 施設，2 設備，3 図書）．

緊急避難にともなう教育の場の移設は，戦後GHQによる接収があった例を除いて本学のケースが初めてであること，また保護者を対象とした緊急説明会も東大紛争（1968）以来43年ぶりに開かれたものであることを，同じ学会に所属する水野氏（獨協大学）から7月になって教えられた．考えの端にも浮かばない意外な事実だった．

3　学生受け入れ準備

4月になり，学生には5月連休中までに三陸に残した家財道具や自家用車を相模原に移動し，授業再開に備えるように周知された．三陸への交通手段は，救援バスをチャーターして相模原との間を往復させた．3月14日から5月8日まで運行した救援バスは32便37台，延べ1,094名の学生や学生の家族，教職員が利用した．引越しをする学生の支援と三陸キャンパスの秩序維持のために，教職員が交代で三陸に出向いて常駐した．滞在中に教材や講義ノートなどの授業関係資料と家財の移送準備も行われた．

相模原の共通校舎に開設された海洋生命科学部事務室には本部から3名の職員が特別に配置され，荷物の移送をはじめ，三陸アパート解約交渉の助言，相模原アパートの紹介，見舞金・学費減免手続きの支援を専門的に扱った．生活用品や教科書・参考図書を失った学生や，履修上生活上の問題，就職問題をかかえた学生の相談は，これまでどおり事務室の教務・学生係が担当する分担体制をとった．

学生の心理相談は，健康管理センターの5名の臨床心理士が応じ，特に心的外傷後ストレス障害の回復に厚い配慮をはらい，反復相談はいまも続けられている．

4　授業再開

時間割については，同一科目を隔週ごとに教授する従来の方式は13週間を枠取りした前期日程におさまらないことから，1日4コマを同じ科目で重ねていく集中授業方式によらざるを得なかった．慣れない授業運営は，学習習慣や出欠席への影響，学習効果の面から当初心配もされたが，時間の経過とともに，学生・教員双方とも慣れていった．むしろ不自由は，急ごしらえで準備するよりほかに手がうてなかった各校舎にまたがる講義室，実験実習室間の移動である．

授業計画については，ガイダンスは5月6～7日，健康診断は5月12日，前期授業期間は5月9日～8月8日，前期試験は8月9日～13日（その後8月12日に変更）とする前期計画をもって，ともあれ予定どおり授業再開にこぎつけることができた．

8月には，研究室が集まるクレッセント（旧学生食堂）のなかに，江の島水族館の協力をえてミニ水族館が開館した．久々に海の生き物に接した学生に笑顔がもどった．オープンキャンパスに訪れた高校生にも好評である．

今年1年間は変則的な授業運営を避けられないが，学生諸君をいつまでも不自由な学習環境におくわけにはいかず，そこで，海洋生命科学部新校舎建設（5階建，9,519㎡，建設費20億3,700万円）を7月の理事会で決議し，大学をあげて海洋生命科学部の教育研究環境整備に乗り出したことを付け加えて

```
授業開始準備： 4月中に家財道具を相模原キャンパスへ移送
---------------------------------------------------------------
ガイダンス：5/06～5/07  2日間
健康診断：5/12
前期授業：5/09～8/08  13週間
前期試験：8/09～8/13  5日間
夏季休業：8/15～9/03  3週間
前期追再試験：後期5～6時限及び土曜日の空き時間
---------------------------------------------------------------
球技大会：  6/05・6/12  2日間
北里祭：   11/4～11/06  3日間
```

図2.16　海洋生命科学部2～4年次生　水産学研究科大学院生前期授業計画

おきたい．新校舎は平成24（2012）年9月に竣工する見込みである．

5　釜石研究所の研究再建

　釜石研究所は，津波によって打ち上げられたボートや自家用車，ドラム缶，コンクリート塊などの建物1階に散乱する残置物が，自衛隊の災害出動の働きで4月に撤去された．5月には敷地周辺の残骸も片づけられ，被災の惨状をとどめる光景も徐々に変わっていった．

　そのようななか，研究所所員の研究再建への意志はかたく，残された実験機材・備品の利用，自家発電による限られた電力といった制約の多い研究環境ではあるが，被災を免れた2階において手掛けられるテーマから研究再開に向かった．これまで推進してきた約20主題のうちから，今年度実施する優先事業は，「実用化が近い事業」「微生物コレクションを活用する事業」「今後展開する新規事業」に絞り込んだ．それぞれ次のとおり．
①実用化が近い事業
　「いわて花咲酵母を利用した復興支援商品の開発」
②微生物コレクションを活用する事業
　「多糖分解微生物のスクリーニングと活性評価」

「学内乳酸菌プロジェクト」
③今後展開する新規事業
「環境浄化,エネルギー生産に適した微細藻類の収集と利用法の開発」

6 災害復旧補正予算適用の要望

　教育・研究再建後の問題は,臨時支出した財源の確保と財政の安定である.学生の学費減免や相模原への家財移送費,海洋生命科学部新校舎建設費,教職員の被災支援費などによる臨時出費（予定）額はすでに26億円を超えていた.

　災害復旧を目的とする平成23（2011）年度第一次補正予算が5月に国会で成立した.それには公教育を担っている本学も適用の対象に含まれておかしくないはずである.復旧費の適用を願って,「1.私立学校施設災害復旧費補助」には新校舎建設費を,「2.私立学校教育研究活動復旧費補助」には学生の家財移送費や今後移送することになる実験台や機械設備などの移送費を,「3.学費減免に対する経常費助成」には被災学生の災害見舞金,学費減免費用,給付・貸与奨学金を割り振って文部科学省に6月20日,要望をした.

　しかし,「1」「2」の要望は認められなかった.理由は,教育の場を移設（新校舎建設着手）したことが,指定要件に該当しなかったからである.激甚災害法は,公共土木施設災害復旧事業（公共土木施設,公立学校など）をは

図2.17　文部科学省への要望

じめ，農林水産業，中小企業，その他の事業に対する特別助成を目的とする．私立学校施設災害復旧事業は「その他の事業」に含まれ，激甚災害法の指定を受けると復旧費の2分の1が補助される．指定を受けるには，教育の用に供する目的で，現在の場所において同等規模の施設を復旧する必要があるが，本学の場合，やむなく行った教育の場の移設が，指定要件には該当しなかったのである．適用外の連絡は8月下旬であった．

前後して，被災した庁舎を安全な高台に移転建設しようにも，別地での建設は復旧費の対象外（自前負担）となるので苦慮している自治体の姿が報道された．同じ理由である．起きた状況が既成の法律の枠組みを超えるものであれば，法律改正も含めて現状を望ましい状況への改善に導くことが，為政者の務めではなかろうか．

第4節「奉仕」

1 地域との交流

海洋生命科学部は，岩手県沿岸部にある2大学の一つとして，地域の方々から多くの期待を寄せられる一方，生活基盤や交通路の整備，学生・教職員の日常生活支援，研究助成などさまざまな支援をいただいている．大学からは，教育・研究の成果をもって地域に還元するかたわら，海洋生物科学の普及に努め，地域水産業の振興を目指して漁業団体や行政と連携協力する関係を築いている．たとえば大船渡市との間には，人材育成，教育・文化・スポーツの振興発展，まちづくり，産業振興，環境保全についての「連携協力協定」（平成20（2008）年）を締結し，密接な交流を重ねている．

具体的には，教育では，地域の高校生を本学学生として受け入れ，地域の将来を担う有為な水産研究技術者として送り出している．青少年に対しては，「海づくり少年団育成」や「地元小中学生理科教育」「高校生のための海洋生物科学シンポジウム」を開催し，海洋生物への関心を深めてもらう取り組みを小中高校と連携して行っている．

研究では，魚類の増殖・養殖研究，沿岸海洋生物生態系の調査研究を漁業

図2.18

協同組合などと連携し実践している．普及活動では，地域水産業振興に関するセミナー，「海フェスタいわて」の開催，日常的な水産技術相談を通じて水産業振興を支援している．

2　海洋生命科学部「学術的震災復興支援プログラム」

　大学が地域に根ざし地域に支えられた学舎であることは言うまでもない．震災で東北地方沿岸の多くの研究機関が壊滅的な被害を被ったなか，海洋生命科学部は甚大な被害を免れた数少ない学術研究機関として残った．

　海洋生物資源と沿岸海洋生態系の復旧過程に関する調査研究については，各研究機関の連携による横断的な取り組みが企画されている．東北地方沿岸の水産業復活と，水産資源利用による新産業創出は，地域の再生にとって喫緊の課題となっている．本学は，連携機関の一員としても，また独自の立場でも，教育・研究・実践・普及について重要な役割と献身を期待されている．

　そこで海洋生命科学部では，「三陸キャンパス共同利用計画」「学術的震災復興支援プログラム推進」「大学入試センター試験協働実施」を基本方針として8月に発表し推進している．詳細は次のとおり．

１．三陸キャンパス共同利用計画
　地域の教育支援・市民生活支援を目的とする．

図2.19　地域の復興に向けて　海洋生命科学部の取組

1. 施設の一部を共同利用施設（資源，環境調査，種苗生産など）として活用
2. 海洋生命科学部の特色ある教育研究活動のために臨海実験施設として活用
3. 三陸研修所を「1」「2」の宿泊施設として活用
4. 体育館，グランドを地域の小中高校の授業や課外活動に提供
5. 被災した教職員住宅を修復し地域市民に提供

II．学術的震災復興支援プログラム推進

海洋生物資源・沿岸海洋生態系の復旧過程に関する調査研究の推進，地域水産業復興支援を目的とする．

1. ①生物相・環境変化と回復過程の調査研究11題，②増養殖業復興に向けた基礎的研究10題，③調査研究成果の情報発信支援プログラム
2. 地域水産業者からの施設利用要望には可能な限り対応
3. 「学術的復興支援プログラム推進委員会」による支援の推進

III．大学入試センター試験協働実施

地域の高校生の進学支援を目的とする．

1. 北里大学・岩手大学が協働し，平成24年度大学入試センター試験を三陸沿岸部（大船渡・釜石地区）で実施

図2.20　地域の復興に向けて　釜石研究所の取組

3　釜石研究所「地域復興支援の取組」

釜石研究所では,「Ⅰ．三陸水産物の高度加工技術開発」「Ⅱ．復興支援商品開発」「Ⅲ．バイオ技術による被災地活性化」「Ⅳ．学生・社会人教育,地域リーダー育成」を基本方針として8月に発表し推進している．詳細は次のとおり．

Ⅰ．三陸産水産物の高度加工技術開発

イサダ漁再開後の「イサダ乳酸菌発酵粉末製品」の商品化

Ⅱ．岩手県内名花・銘木採取酵母の実用化事業

「いわて花咲酵母」を用いたパン,アルコール飲料などの商品化

Ⅲ．バイオ技術による持続可能な被災地活性化

被災地の企業・研究機関と連携．緑藻を用いたエネルギー生産や環境浄化に関する先導研究

Ⅳ．学生・社会人への専門的な教育啓もう活動と地域リーダーの育成

おわりに

震災では次々に起こるあらたな問題への対処に迫られた．どの一つも誤りが許されないことばかりであった．問題対処の経過は各節に述べたが,ひるがえって教育マネジメントの視点から,「震災時にたち起こる問題」と「それ

への事前の備え」そして「対処法の実行」といった大学安全にかかわる事象を整理してみた.
・学生・教職員の保護＞防災体制・防災教育，避難訓練
・心身の救護＞医療スタッフの配置，救護
・安否確認＞緊急連絡網の徹底と発動，日頃のコミュニケーション
・救出・捜索活動＞災害対策班，活動車両，通信手段
・避難場所の安全管理と運営＞施設点検，二次災害防止活動
・食糧・水・燃料等の調達管理＞災害時備蓄（定期的補充）
・衛星電話による通信＞衛星電話の設置と点検
・災害対策方針の立案・実施＞総合的な視点，時間軸空間軸，終着点の全体像
・回復への道筋説明＞ビジョンと基本的な枠組み，5W1Hによる道筋の説明

　震災を体験しいくつか気になった点がある．一つは「教訓」についてである.

　明治三陸大津波（明治29（1896）年）と昭和三陸大津波（昭和8（1933）年）で，重茂半島姉吉地区（宮古市）は村落が全滅する大災害に見舞われた．二度にわたる災禍を後世にとどめるために，「此処より下に家を建てるな」との戒めを刻んだ大津浪記念碑が建立された．その教えは今回の震災に活かされ，坂の上にくらす住民を救ったとの記事（読売新聞（平成23（2011）年3月20日）が目にとまった.

　重茂では戒めが守られたが，他の地域ではなりわいのために海岸近くに住居を移さざるをえず，不幸にもいのちをなくされた方々が少なからずおられる．教訓は，時間の経過とともに風化し，いつか忘れ去られる特質を備えているのかもしれない．しかし，それでもわれわれは教訓を残す義務がある．ほかに後代に伝える術をもっていないからである.

　二つ目は，当たり前のことだが，「いのちは何よりも優先される」ということである．安否確認では学生リストを公開（求めに応じて開示する「公表」ではない）した．火急のときには，生命にかかわる安否情報が優先され，個人情報の保護は等分の天秤にかけて判断されるべきでないと考えて実行した．精査確認を怠らないこと，不必要な個人情報開示は行わないことはもち

ろんである.

　三つ目は,「普段の備え」である. 日頃の防災訓練, 避難行動, 施設の安全点検, 物資や燃料の備蓄がいかに災害時に役立つのかをあらためて思い知らされた.

　四つ目は,「対策の立案と発動」である. 災害が起こったときの当事者は, 事態回復という観点からすると, 混乱も加わって, ずっと後退した立ち位置にいる. 混乱から脱却し, みずからの掌中で事態の回復を可能にするためには, 危機の全貌を把握し, 収拾策全体の枠組みをきめ, 終着点の全体像を示し, 回復への具体的な道筋を一つひとつ順を追って示すことであると振り返っている.

　五つ目は,「情報」についてである. 初動2日間の対策活動が必ずしも効率的でなかったことは先に述べたが, その後の情報の共有が, いかにチームプレーにとって重要であるかを体験した. 危機のときは, 情報発信を一元化することも重要である. 情報発信を通じて刻々変わる事態にどのように立ち向かっているのかを逐一伝えることが, 当事者の後退した立ち位置を事態収拾の最前線に押し上げることになると考える. 情報発信には, 信頼性, 確実性, 誠実性といった基本的な事項への配慮も求められる.

　震災は,「失いかけていた日本人の美質」を覚醒したのではないかとも思うのである. 震災後2カ月を前にした5月10日に, 気になった事象を書きとめておいた. 何が起こり, どのように変わっていくのか, 自分自身が忘れないためである.

・自然への畏怖＞人智を超えた神の存在を意識
・技術過信への反省＞耐震強度設計外のM9.0, 想定対策を超えた津波, 電源を失い制御不能になった「万全原発」
・助け合い精神の復活＞地縁血縁を越えた共助, 公に赴く精神
・地域共同体の復活＞人と人との絆
・市民意識の深化＞共生社会における市民としてのふるまい
・歴史を尊び歴史に学ぶ視点＞過去の災害の科学的検証
・哲学の興隆＞生きること, 人生の価値, 生命の共生と共進

- 教育の視点の転換＞人間観，社会観，人生の目標，価値観
- 自然（実体）に寄り添うことの大切さ＞仮想世界氾濫の反省
- 農業回帰の促進＞身近な生活の中に自然を生かす
- 一次産業重視の視点＞生存に必要な資源は自ら確保
- エネルギー確保手段の多様化＞原発エネルギーの功罪

　われわれは，豊かな森林におおわれ，水資源に富み，四季のうつろいがはっきり感じられる美しい国土に住まわせていただいている．国土は，花々を細いひもでつづった花綵（はなづな）のようにみえることから，花綵（かさい）列島と呼ばれている．だが四つの地殻プレートが接し，世界でも有数の地震集中地帯に属し，自然災害の絶えない国土でもある．

　われわれの祖先は古来より，相反する性質をもったこの国の自然と上手につきあう智恵をもち，それを働かせて生きてきた．先人にならい，この列島に住まう一人として，もっと謙虚でありたいと思う．

　本稿は，私立大学環境保全協議会シンポジウム（平成23（2011）年9月12日，早稲田大学）での講演「喪失・扶助・再生・奉仕－東日本大震災と大学安全－」を改題し，発表内容に加筆をした．

第3章
東日本大震災の記録

1．海洋生命科学部の東日本大震災対応

緒方武比古
北里大学海洋生命科学部長

　周知のように，海洋生命科学部は東日本大震災により人的，物的，心的被害を受け，対応を余儀なくされた．以下は，その記録を意図したものである．記述に際しては，可能な限り，当時のメモおよび記憶を参考にした．しかし，整理してみると正確さには自信が持てないものとなった．すなわち，発生直後の状況は記録媒体もなく，手近にあった紙や手帳に殴り書きしている．また，ノートのメモでさえ日時が記されていないなど，事件の前後関係もあいまいな場合が多い．さらには，大きな事件があり，自身が行動する場合，メモすらないこともある．また，記述は私の周りで起きたことに限定されている．記録は正確であることが求められ，そうでない場合，価値は大きく損なわれるものと認識している．その意味で，以下のメモは記録としての価値は低い．およその流れを見ていただくための参考程度とお考えいただければ幸いである．
　なお，本章の記述においては，学部の震災対応を時系列で記録し，残すことを目的としたため，三陸沿岸の被災状況についてはほとんど触れていない．また，被災直後においては現場で写真を撮るなどの行為が心情的にも時間的にも難しく，これらをほとんど示すことができていない．これらについては，他の映像記録や資料をご参照いただきたい．また，震災対応から何を学ぶか，あるいはそれぞれの場面で何を感じたか，などについては他の章に譲ること

とし，本章では出来事のみを記すように努めた．

被災直後編

3月11日

14：46	・地震発生
15：00	・グラウンドへの避難完了，点呼，人数確認
	・点呼（学生：119名，院生：16名，関係業者：8名程度，教員：18名，職員：22名，合計：およそ185名）
15：18	・津波襲来
	・電話，携帯電話不通
15：20	・学生・教職員の自動車をグラウンドに集結
	・体育館前にテントを張り，本部設営，衛星電話設置
15：30	・非常用，避難用物資（備蓄食糧，水，救命具，非常用物品，毛布等）を本部に搬入（備蓄庫から乾パン，水など，売店から乾パン飲料，カップヌードルなど，事務から紙，懐中電灯，救急用品，机，椅子など）
15：45	・崎浜の状況報告（事務職員より）：中島アパート，丸井食堂，ララ三陸，ニュー遠善流出，学生の有無については不明
16：00	・衛星電話にて被害状況本部に連絡
	・浦浜の状況（到着学生より）：レジデンス佐々木，メゾン三陸など，浦浜川域のアパート流出
	・部室のバーベキューコンロを体育館前に集結，マキ調達，たき火開始
	・衛星テレビ（自家用車）にて全国的被害状況把握
	・建物内立ち入り禁止指示
17：00	・崎浜，浦浜の被害状況視察部隊帰着（崎浜，浦浜地域壊滅との情報，道路使用可否の確認）
	・ハマナス館より6名の学生到着（無事）
	・崎浜地区被害状況，特に流失アパート名把握のため教職員派遣

	・浦浜地区被害状況（学生より）：メインストリート分断，家がたくさん流出している）
	・学内被害状況報告（キャンパス全域で電気，電話使用不能，F3号館水道の配管破損，漏水，4階のエアコン落下，F1号館壁が一部崩壊など）
	・避難学生の受け入れ，食事配給（備蓄乾パン，水，売店の食料など）
17：30	・バス会社職員3名，業者職員1名大学を離れる
17：38	・浪板より3名（教職員＋学生）到着
17：40	・院生，4年生，3年生計5名，北上より到着
	・3年生1名大船渡より到着
	・浦浜川マンションの女子学生1名，男子学生1名が不明（津波に流されたかもしれないとの伝聞，確認を試みる）
	・研究生1名到着（三陸駅→診療所→？→大学）
18：00	・4年生7，8名到着（上野荘については他の学生は分からない）
	・研究生1名到着（大船渡から一人で車にて）：大船渡市内盛川氾濫，浦浜で学生2名が逃げようとして車ごと流されたとのうわさありとの情報提供
	・4年1名愛和荘より到着
	・4年1名三蔵館より到着（他の学生は分からない）
	・3年2名コーポ西村より到着
	・3年1名仲吉荘より到着
18：11	・浪板地区のアパートは無事との情報
18：30	・大船渡市内視察部隊帰着（諏訪前宿舎アプローチ不能，避難所で学生を確認，津浪被災地区には進入不能）
	・教職員の安否確認（三陸地区）
19：10	・2年1名到着（大船渡のローソンでアルバイト，林道しか通れないとの報告）
	・防災対策委員長（森山教授）到着：大船渡地区の状況，浦浜崎浜

	間の道路状況報告（諏訪前教員住宅の2家族について安否不明）
19：30	・学生より（2年生男子1名，3年生女子1名，コーポ道からトピア黒田に向かったが，その後不明とのこと）
夜	・学生次々と到着（丸九アパート大丈夫，ブルーシャトー電気，ガスだめ，水道はOK，浪板地区被害なし）
	・浦浜メインストリート通行不能との情報（学生）
	・たき火で暖をとりながら一晩過ごす（体育館は暖房もなく，ほとんど使用されず）
	・学生教職員の多くは自家用車で睡眠，一部はアパートに戻る
	・大船渡市役所職員到着（情報収集，提供：主な避難所―北小，盛小，リアスホール，県立病院，大中，一中体育館，大船渡高校，公民館，福祉の里，自衛隊が向かっている）

3月12日

6：00	・キャンパス内点検（教員3名，職員1名）
	・F2号館－3階（使用可），F2号館3階とF1側をつなぐ陸橋のコンクリート部損壊
	・マリンホール　水槽破損，F1側との陸橋コンクリート損壊，階段壁などひび割れ），1，2階（器具等落下散乱）
	・F1：1階（事務室書類散乱，トイレ水漏れ，研究室器具など落下），2階，3階（防火扉動かず，階段と廊下の境にヒビ，ゆがみ），4階（階段の壁破損），5階（壁など破損），破損状態（上階ほど甚大），ボイラー室（ガラス破損），北側駐車場に亀裂
	・F3：階段壁剥離，4階（エアコン機の落下，器具棚等横転，実験台上の器具機械落下），2，3階（本棚，ロッカー横転，器具，本等落下散乱），1階（上階と同様，水漏れ，水道管破裂？）
	・図書館：学生おらず，書庫本落下，壁に固定していた鉄板がはがれた，閲覧室の本棚横転，本散乱，コンピュータは無事，壁のひび拡大
	・体育館：窓ガラス多数破損，破片駐車場等に散乱，部室ドア一部

	開閉不可，体育館中扉開閉不可，電線垂れ下がり
	・周辺：体育館前駐車場上の崖が崩落，大学入り口近くの道路に大きな亀裂
	・三陸研修所：2階の天井崩落，駐車場脇に大きな亀裂
	・海水ポンプ損壊
6：30	・浦浜対策本部から視察，要望聴取
8：00	・崎浜避難所より視察，要望聴取
午前	・大船渡市役所より視察，要望聴取
午後	・安否確認に集中
	・浦浜，崎浜地区の避難所探索
	・大船渡市内渋滞との報告
	・学生のアパートよりストーブ搬入
	・相模原対策本部に教職員ご家族への無事連絡依頼（一部連絡つかず）
夕方	・浦浜対策本部より，おにぎり，水の供給（ガソリンはタンクを浦浜本部に持ってきてくれれば多少は供給可能とのこと）
17：30	・研修所に一部学生（80名）＋教職員8名を移送（ピストン4回）
	・研修所（火なし）とグランド（体育館前でたき火，多くは車の中）に分かれて夜を過ごす
20：17	・4年男子1名，女子1名：大学体育館に到着（大船渡市内に学生1名の居住する下宿流失との情報）
20：00	・教員より：女子職員1名に関わる聞き取り調査の報告（ご父母は確認された．ご主人は確認できず．末崎で船に乗っていた）
20：25	・大船渡市対策本部より飲料水（20ℓを10本）到着
夜	・大学対策本部と学生安否確認作業を継続
	・職員のご家族に犠牲者確認
3月13日	
9：00	・同日朝段階での全国的交通状況をテレビで調査（高速道路通行止め：東北自動車道ほぼ全線，中央高速，青森道，常磐高速道全線，

秋田道，釜石道，山形道，八戸道，首都高速の一部，三陸道の利府－仙台南港間，鉄道不通：東北新幹線，常磐線，空路：仙台，茨城空港は閉鎖，停電：宮城・岩手180万戸）

10：00　・学生に体育館へ集合（研修所泊のグループは徒歩で移動）してもらい，今後の方針等説明（1．共同生活を意識し協力，団結，2．長期戦も視野に入れ体力，物資のセーブ，3．物資の限界も予想されるので帰宅できる人は帰宅，あるいは近隣避難所への移動も検討中，帰宅希望者は申し出ること，4．健康に不安のある者について保健師による診断実施，5．氏名チェックを実施）

10：30　・崎浜，浦浜，大船渡地区避難所に赴き，学生受け入れ可否の調査（午後帰着－立根小学校：10人程度食事困難，福祉の里：不可，猪川小学校：30人程度，食事朝夕，寝具防寒具必要，大船渡高校：30人程度，猪川地区の公民館：10－20人）
　　　　　学生安否確認情報を本部に伝達，確認

11：00　・帰宅希望者調査（60人強が東北，関東方面に車乗り合わせ帰宅希望），保護者に確認の上，一部は許可
　　　　・教員1名＋学生1名釜石へ：自宅の状況確認，大槌滞在中であった教員1名の確認
　　　　・杉下住宅の教職員数名を自宅に派遣（物資調達）
　　　　・体育館の環境改善（破損窓ガラス部分，入口付近にブルーシートを覆うなどして寒さ対策を実施）
　　　　・体育館内に本部を設置（机，椅子等を搬入）

15：30　・教職員打ち合わせ（1．ガソリン残量20ℓ，浦浜本部に空き缶を持って行き補充してもらう方向，2．体育館，研修所の2か所体制維持，食事担当者に伝達，3．キャンパス入り口付近の道路亀裂拡大を確認，4．崎浜の公民館への調査，要望聴取を実施，5．大船渡のガソリン事情調査：公的機関の緊急避難用に20ℓまで供給とのこと，6．水沢ではガソリン確保可能，7．浦浜対策本部は診療所機能も兼ねているとのこと，8．大船渡病院に学生らし

き避難者がいるとの情報あり，9．新聞各紙の死亡者リスト調査：学生の未確認者確認出来ず，10．学生の安否確認情報整理）
- 指示なく，あるいは連絡なく帰った学生の氏名確認作業
- 大学対策本部と今後の方針について協議（1．全員移送，2．支援物資，3．バス運行の予定，人員配置など）
- 浦浜―大学間かろうじて通行可との情報（浦浜メインストリート，大平林道），ただし浦浜を抜けた部分，林道には路肩崩落あるいは亀裂部分があることを確認
- 相模原キャンパスで説明会開催

夕方
- 教員家族を研修所に収容
- 残っている全学生をバスで東京に移送する方針を全教員で確認
- 十和田より発電機到着
- 本部より支援物資到着（内藤君）食料，飲料，衣類，ガソリン，発電機？

夜
- 体育館，研修所で学生に全員移送の方針と予定を説明（車両帰宅中止）
- 男子学生体育館，女子学生研修所でそれぞれ一夜を過ごす
- 体育館の暖房は石油ストーブ（10基ほど），ライトは発電機により，テレビ設置？

3月14日

8：00
- 教職員集合，本日の方針検討確認（1．学生集合，2．バス移動の方法・問題点確認，3．本部への質問事項，4．浦浜対策本部への連絡）

9：00
- 学生集合（体育館，研修所からは徒歩移動）・点呼，バスでの移動方法説明，自動車のカギ提出，緊急時自動車のガソリン使用の許可願い，バス到着まで体育館で待機の指示

9：30
- 教職員活動開始（1．浦浜，崎浜，大船渡の避難所，下宿まわり：バス移動の連絡，キャンパスへの集合指示，貼り紙，2．学生自動車の鍵回収，保管処理，3．学生諸君が下宿に荷物を取りに行

	くアレンジ，付添，4．学生移送について崎浜避難所，浦浜対策本本部への連絡，情報交換，協力申し出で，5．大学対策本部との連絡：バスの状況，移送方法，救援物資，未確認者の情報，流出アパート情報，大阪での進学相談会，FD研修会中止）
11：00	・流出学生アパート・下宿再確認（150名相当） 大学対策本部とのホームページ原稿（北里大学震災対策）の確認
12：00	・衛星電話による加戸先生（大学対策本部）との説明会，バスの準備状況，バス運行経路，未確認者に関する情報交換，安否確認情報のホームページへの掲載方法等，打ち合わせ
14：00	・4年次生一名が両親と車で帰宅
午後	・下宿への貼り紙等を確認し，大船渡の避難所，下宿から学生が体育館に到着，大船渡の電話状況などの情報確認 ・大学対策本部と連絡（バス出発の確認，支援物資の確認） ・安否確認作業続行 ・3月13日に帰宅した学生の情報収集 ・第1便バスの配車（搭乗する学生の名簿，人数，添乗教員）を相談，決定 ・バスは浦浜までしかアクセスできないとの想定の下，学生の輸送方法検討 ・本部と第2便（十和田発），第3便（東京発）運行計画に関わる打ち合わせ
夕方	・浦浜から大学までのバス経路調査，大学までなんとか到着可能であることを確認，バス誘導方法の検討（教員が浦浜コンビニエンスストアで待機，この旨バス添乗の教員に連絡）
18：00	・体育館に学生全員集合，バス乗車人員・名簿の説明，待機指示，乗車方法説明 ・心構えなど説明（教員家族は研修所で待機）
夜	・バス乗車教職員と連絡を取りながら，運行状況を確認（23：00到着予定とのこと）

　　　　・新たに集合してくる学生確認
3月15日
1：30　・バス3台到着（学部教員1名，健康管理センター長，学生相談員，看護師到着）
　　　　・運行計画，乗車方法など相談，決定
　　　　・学生のメンタル，健康ケア実施
2：30　・学生（1号車53名，2号車50名，3号車57名，内父母10名）および教員3名乗車開始
3：00　・バス発車，見送り，残りは体育館で就寝
8：00　・点呼（現員確認：学生54名，教員27名，職員20名，家族10名），今後の計画説明・確認
8：30　・朝食
10：00　・教員より大船渡市内の情報提供（45号線より上，市役所：電気復旧，盛商店街：電気，水道復旧，市内：AU使用可，消防署：電話使用可など）
　　　　・同窓会，本部とガソリン調達のやり取り
10：30　・大学本部より：①自衛隊からガソリン，経由（軽油）等の供給があるとの情報，ただし時期不明，②十和田からのバス2台チャーターしたとの連絡
　　　　・F1号館よりコピー機（発電機で使用），ホワイトボードなど搬入
11：00　・不明者確認のため教員に消防署，市役所，遺体安置所調査を依頼
　　　　・大学本部と連絡しながら，学生安否確認を続行（未確認者：2年次生7名，3年次生6名，4年次生4名）
午後　　・第2便バスへの乗車メンバー決定（残りの学生＋父母＋教員家族の一部＋引率教員）
　　　　・浦浜から大学までの道路状況確認
　　　　・本部と支援物資について打ち合わせ（希望物資：ガソリン，軽油，灯油，タオル，割り箸，紙コップ，紙皿，野菜，シャツ，ズボン，長靴，靴下，作業服，カッパ，防寒着，オムツ，石鹸，電池，ゴ

　　　　　　ミ袋など）
　　　　・第1便にて到着の医療チーム行動計画相談
　　　　・今後の対策検討（短期：不明者探索，被害状況把握，自力で帰った学生の到着確認，研修所の水漏れ等修理，不明教員探索，第1便の運航状況確認，ガソリン確保，長期：新学期体制の準備，学生・教職員の生活の場確保，教職員自宅の片づけ，4月からの体制整備など）
　　　　・教員に移動に当たっての問題点などインタビュー
16：00　・拡大教授会（体育館対策本部にて開催：学生の退学・復学，Ⅲ期一般入試合否判定，北島賞受賞候補者，平成23年度クラス編成，平成23年度1年次生ガイダンス実施要領など）
18：00　・夕食（非常食など）
19：30　・第2便バス2台，十和田より到着
20：45　・第2便バス出発（学部学生47名，大学院生20名，研究生2名，引率教職員2名，看護師1名，教員家族13名）
夜　　　・各地区に調査に赴いた教員からの報告とりまとめ，翌日の行動計画検討
　　　　・ガソリン入手に関わる連絡，打ち合わせ
　　　　・第3便の打ち合わせ

3月16日
　この日はメモに時間の記録がなく，不明．学生をほぼ全員出したことによる安堵感のためか．
午前　　・各下宿，アパートに残されている学生の自動車調査
　　　　・三陸地区に残っている学生についてバスでの移動に向け，さらなる探索，収容
　　　　・毛布，食料の一部など，崎浜，浦浜地区に提供のため整理
　　　　・三陸キャンパス避難所の撤収について市役所，浦浜対策本部に通知
　　　　・医師による医療支援開始

	・ガソリン，軽油，灯油の残量確認
午後，夜	・基本的に教職員は休養（可能な人は家の片づけなど）

3月17日
8：00　ミーティング

午前
- 教職員：必要に応じて自宅の整理
- 行方不明学生のご両親との対応
- 物資支援を浦浜，崎浜対策本部へ
- 明日東京移動の教職員準備
- 物資備蓄
- ガソリン対策
- 大船渡の病院等，行方不明者の探索
- 今回残るメンバーによる三陸キャンパス体制

午後
- 問題点（諏訪前宿舎の窓ガラスなど破損個所の応急措置，杉下宿舎不在者の部屋施錠，本部から供給された救援物資の活用法，相模原における教職員ご子息の学校，非常勤講師の安否確認，親族を亡くした諸君の今後，被災地域の学生，父母はホームページをチェック不能など）→大学本部に連絡，相談との方針決定
- 相模原キャンパスへの移動に伴う問題点を各教員からインタビュー
- 十和田にいた学生の帰路について相模原キャンパスにて活動中の教員と検討，手配
- 三陸研修所に発電機を使った風呂開設

夕方
- 第3便出発確認

夜
- 当面の課題整理（1．発電機等借用物品の返却，2．学生の安否確認情報などのデータ，メモの整理，保管，3．事務職員の今後，4．相模原キャンパスにおける教員の住居確保，5．三陸キャンパス校舎内の機器破損状況，管理，6．学生，教職員の引っ越し計画，7．大船渡市，岩手県への対応，8．研究室の片づけ，9．現1年生の安否確認，10．学生の自動車管理，運搬方法，など）

3月18日
7：00　・第3便バス三陸キャンパスに到着
午前　・ガソリンの措置
午後　・出発準備，自宅片づけ
　　　・体育館本部の撤収，F3号館の3階に本部設置
　　　・体育館の片づけ
　　　・諏訪前宿舎のプロパンボンベが盗難にあったとの情報
19：00　・第3便バス三陸キャンパスを出発
3月19日
8：00　・第3便バス白金に到着
　　　・健康相談，東京における滞在に関わる説明会ののち，教職員はホテルにて休養
　　　・大学対策本部にて理事長，対策本部関係者，三陸より帰着した副学長，学部長，学長補佐が集合し，現地状況等の説明，今後の基本的考え方の整理，問題点の抽出等を実施
3月20日
　　　・ホテル滞在の教職員は基本的に休養
　　　・各教員は住居探し，家族ケアのため活動
　　　・三陸キャンパスとの交代体制など検討
　　　・事務機能復旧のための準備（人員，資料，事務機器）

　筆者は，上述のように第3便バスにて移動，その後約半数の教員とともに学部移転にかかわる諸課題の解決，教育・研究の再開に向けた準備に当たった．また，三陸キャンパスと相模原あるいは白金キャンパスの間で教員の交代体制（三陸キャンパスには10名程度を配置）を構築し，交替の教職員は引っ越しに赴く学生とともに本部からの定期便バスを利用して行き来した．また，毎日それぞれのキャンパスにおける活動を日報として報告する体制を整えた．以下は，三陸キャンパスにおける3月下旬から4月終わりにかけての活動内容について日報から抜粋したものである．

- 卒業生引越し作業
- 在学生向け HP 原案作成
- 学生下宿の大家さん訪問
- 卒業生，学生の引越し受付
- 崎浜浦浜エリア周回し，引越作業中の学生に注意事項伝達
- 研究室整理
- 来校する学生，保護者への対応．来校者リスト整理，在校生用引越確認書類作成
- 研究室に残された私物は学生が各自取りに行くことを了承
- スタッフが常駐するための事務所が必要→キャリア支援室に長机2台用意
- 運送会社作業員5名および事務員2名が4月4日三陸着
- 浦浜地区のガソリンスタンド，通常営業開始
- 卒業生から順次引越し作業開始
- 崎浜浦浜エリアの6室の荷物を体育館へ運搬
- 一部アパートについては大家，あるいは不動産業者より取り壊しを開始したいとの報告あり．該当のアパートについては，引越し業者（日通）に優先的に作業を行うよう依頼．
- 学生の引越し受付対応および未引越者の電話連絡，引越日調整
- ガソリンの供給など地域への貢献を適正に周知できるよう今後大船渡市と協議
- 三陸に来た学生に対し，下宿の鍵の受渡し
- 大船渡市役所からの要請により，学生食堂の食器を寄付する
  また，電子レンジなどの家電が必要とされているので供出を募る
- 学生の引越し受付対応および未引越者の電話連絡，引越日調整

相模原移動後編

―相模原への拠点移動にかかわる準備と対応：3月末から6月まで―

　相模原キャンパスでは3月末からさまざまな業務を開始した．すなわち，

生活環境については4月まで，授業に関しては6月まで，研究関係では8月半ばまで，拠点移動に伴う諸課題の解決に取り組んだ．というより，十分ではないにせよ，諸課題の解決に目途がつくためには，これだけの時間を要した．以下に，この間の活動内容について主な点を挙げる．読まれると，粛々と進められた印象を持たれるかもしれないが，教員間，事務と教員，本部と学部，大学と大船渡市，岩手県などとの間でさまざまな行き違い，誤解などが生じ，調整に困難を極めた場面も多々あった．その詳細は記載しないが，それぞれがそれぞれの立場で苦しみ，悩んだことは間違いない．特に，教員が相模原と三陸に分離していた3月末から4月の間は，情報交換は行っていたとはいえ，十分な意思疎通は難しく，相互に不信感を抱くようなこともあったように思う．メール，携帯電話がコミュニケーション手段の主流になりつつある最近であるが，この時ばかりは直接会話する重要性を深く感じた．

　以下項目ごとに要点のみを記す．

生活の場の移動

- 学生の引っ越し
    - ①卒業生，大学院修了生：3月下旬から4月初めにかけ，バスをチャーターして三陸へ．引っ越し荷物，廃棄物を仕分けし，業者に処理を依頼．一部のものは学生諸君自らが自家用車等で赴き処理．
    - ②学部2，3年次生，修士1年生，博士1，2年生（3月末の時点）：4月初めから末にかけてほぼ毎日バスを出し，上記①を実施
    - ③下宿大家さん，不動産屋への説明，引っ越し手続き，違約金等の交渉の仲介
    - ④新たな下宿にかかわる調査，家賃保障，見舞金の支給
    - ⑤ご家族被災に対する支援（奨学金，授業料減免）
- 教員，職員の引っ越し
    - ①三陸地区家屋の片づけ，引っ越しのため，バスチャーター
    - ②相模原地区におけるアパート等紹介
    - ③家賃保障の説明と手続き

④移動に伴う転校等，ご子息の就学支援
⑤見舞金等の経済的支援

教育・研究関係

・施設確保
 ①一般教育部棟における２，３年生次用講義室の確保（４月半ば）
 ②クレセント棟の整備
   a．１階を学生実験室に改修（４教室に仕切った上，三陸より実験台，椅子，AV機器等を移送するとともに，電気設備等を整備，元厨房施設を顕微鏡保管等のため学生実験準備室に改修：６月初めに整備終了，以後学生実験開始）
   b．２階，３階に仮間仕切りを施した上，各研究室居室に改修（５月初めに整備終了，以後使用開始）
   c．３階に科学英語（２年次科目）用小教室を２室確保整備（５月初めより使用開始）
   d．３階に大小二つの会議室整備（一つは教授会用とし，６月より使用開始）
   e．２階元厨房スペースに飼育などウェットな実験用スペースを確保（６月初めより使用開始）
   f．１階，２階の廊下部分に学生用ロッカーを設置（５月初めに使用開始）
   g．１階，２階のロビー部分にミニ水族館を開設（７月より）
   h．各階に無線LAN設備を整備，また照明施設を改修
 ③研究スペースの確保，整備
   a．５月半ばに理学部101,103，医療衛生学部A1－602，A1－９番教室を研究スペースとして借用（このうち，A1－印刷室内の倉庫は倉庫として使用，101は増殖生物学講座用，103は環境生物学講座用，A1－９番教室は応用生物化学講座用とした）
   b．一部教室について水道，流し，電気設備，実験台等を整備（６月初

め）
　　c．教員が三陸に赴き，相模原キャンパスに移動する機器，器具等を選定
　　d．三陸より機器，備品，器具等を相模原の研究スペース等に搬入（6月末より8月初めまでを要した．）
　　e．8月半ばより，徐々に卒論，大学院研究を開始
・授業の実施
　①オリエンテーションの準備と実施
　　a．1年次生（新入生）：例年通り4月初めに実施，冒頭学部長より被災に伴う影響と対応を説明
　　b．1年次生ご父母への説明会を4月6日に相模原キャンパスで実施（震災の被害と教育研究の今後）
　　c．5月9日に2，3，4年次各学年，ならびに大学院生に対するオリエンテーションを医学部M6合同講義室およびクレセント講義室にて実施（当面の教育研究環境，スケジュール，時間割等）
　②非常勤講師確保
　　a．英語，法律・経済系科目，学芸員課程科目，教職課程科目について依頼（学芸員養成科目の一部を除き，三陸キャンパスでの担当いただいていた先生方が継続していただけることになる）
　③前期時間割の策定（教学センター，一般教育部と協議しながら4月終わりまでに決定）
　　a．2，3年次生講義科目は基本的に集中講義とした（2単位科目については3日間で実施）．これは，クレセントの学生実験室整備が6月までかかり，学生実験を集中的に実施せざるを得なかったことによる
　　b．科学英語（2年次科目）は通常通り，週1コマ，12週で実施
　　c．科学英語以外の非常勤講師担当科目は金，土で集中的に実施
　　d．2年次生の学生実験：7月半ばより4週間，火曜から金曜の毎日，1時限目から4時限目まで実施
　　e．3年次生の学生実験：6月初めより4週間，火曜から木曜の毎日，

1時限目から4時限目まで実施
　　f．学生実験における磯採集については横浜国立大学理科教育実習施設で実施（7月15日にバスで現地往復）
　　g．前期定期試験日程の設定（8月9日より8月12日の間に実施）
　　h．食堂混雑を回避するための授業時間の調整（通常より30分遅らせて開始することとした．これにより，昼休みは12時40分から13時30分までとなった）
④後期時間割の決定：通常の授業時間割での実施を基本とし，7月に策定，周知した
⑤卒論，大学院研究への対応
　　a．3，4月に他大学，研究機関より被災学生支援のため，教育の場の提供，学生受け入れの表明あるいは申し出でが多数あった
　　b．上記を整理し，5月初めに4年生，大学院生，教員に提示
　　c．学外学習先（卒論，大学院研究）については，学生からの申し出に個別に対応することとし，各担当教員が手続きに当たった
　　d．平成23年10月の段階で卒論，大学院研究の学外学習者はそれぞれ18名，14名となった
　　e．臨海教育の場確保のため近隣大学研究機関との交渉，折衝（磯採集の場，卒論研究の場など）
⑥教育プログラムの維持，展開
　　a．JABEE認定プログラムの継続を関係機関に確認，学生，父母に周知
　　b．就業力育成GPの継続を文科省に確認，昨年度の実績報告，本年度の計画提出を遂行，また継続について学生，父母に周知

学生生活，就職指導

・学生のクラブ活動
　①組織再編成の調整
　　a．基本的に相模原キャンパスのクラブに合流
　　b．三陸キャンパス独自のクラブは単独で活動

②クラブ活動用具，部室の確保
　　a．バスにて学生諸君に三陸キャンパスに赴いてもらい，必要な用具などを相模原に搬入（8月初め）
　　b．一部の用具は研究機器搬入時に移送
　　c．相模原キャンパスに用具入れを確保していただき，収納（8月）
　　d．海洋生命科学部独自のクラブについては基本的に部室は確保せず
・学生相談体制の整備，強化
①5月には三陸キャンパスの学生相談員（4月よりご退職）に相模原キャンパスに来てもらい，メンタル面で問題を抱える学生のケアを実施していただくとともに，相模原キャンパスの相談員と引き継ぎを実施した
②学部学生課，クラス担任，学生指導委員会，相模原キャンパス学生相談室と協議の上，指導体制を整備，ならびに学生への周知を図った
③学生相談員による学生のメンタル面での問題に関する調査実施（6月）
④L2号館事務室奥に学生面談室を設置（もちろん十分とは言えない）
⑤クラス主任による学習面，生活面での指導は継続
・就職指導関係
①就職センターとの連携による就職支援活動の強化（マナー講座，卒業生による業界紹介，面接・履歴書作成指導，企業研究会の開催など）
②学生課による就職内定調査の継続

広報，社会教育

①相模原キャンパスへの移動周知を含めた新たな学部パンフレット（第1号）を急ぎ作成，7月に配布開始
②学部，教育研究内容，建設中の新校舎の概要，三陸キャンパスの活用法を含めたパンフレット（第2号）を作成し，10月より配布開始
③高校に対する出前講義を西日本にまで範囲を広げることとし，平成23年9月までに4件実施
④相模原キャンパスでのオープンキャンパス実施（11月）
⑤学生自身によるミニ水族館の運営開始（7月），公開，見学受付体制の整

備(10月)
⑥学部ホームページの更新(教育の現状紹介,学部行事の紹介,三陸復興支援プログラムの紹介など)

管理運営

・三陸キャンパスの維持,管理:
　5月より検討を重ね,7月に以下の基本方針を策定,理事会の審議を経て,発表した.

<三陸キャンパスの活用にかかわる基本的考え方>
①岩手県水産技術センターなどと連携を図りつつ,三陸沿岸の水産業復興支援に資するため,三陸キャンパス施設を共同利用施設として活用する(資源,環境調査のベース,種苗生産の場など)
②相模原キャンパスの周辺に臨海教育,研究の拠点を複数確保,活用しつつ,特色ある教育研究活動展開の一つとして,三陸キャンパスを臨海実験施設として活用する(①の調査,研究も含め,三陸海域を対象としたフィールド調査,サンプリング,サンプル処理等が可能な施設として,また時期を見ながら学生の臨海実習の場として利用する)
③三陸キャンパス活用のためのランニングコスト,復旧工事の費用は学部予算の一部を充てるとともに,補助金等外部資金の確保を進める
④アクセス道路の不安を考慮しながら,三陸研修所を上記活動に資する宿泊施設として震災前の形態(有料,食事つき,管理スタッフ雇用)に戻して運営することも検討する

<三陸キャンパスの今後について>
①三陸キャンパスのMB5号館(学生実験棟),F4号館(マリンホール),図書館を臨海実習施設,共同利用施設とする
②臨海実習施設は調査,サンプリング,臨海教育の一部を行うベースとする.この際,サンプル処理等の簡単な実験ができるラボをMB5号館に維持す

る
③海水ポンプを復旧し，水槽施設も使用可能にする
④安全性を考え，近い将来（例えば2年後）にＦ1，2，3号館は取り壊し処分する
⑤三陸研修所の取り扱いを含め，宿泊施設をどうするかについては，別途検討する
⑥臨海実習施設の維持管理体制（教員，事務職の配置等）は今後検討する

・学術的復興支援プログラムの構築：

　学内外との協議を経て大震災による被害からの復興に関わる学部の基本方針，考え方，取り組み内容を検討し，学術的震災復興支援プログラムを立ち上げ，学部に設定したプログラム推進委員会がその中核を担うことを決定した．プログラム立ち上げに当たっては，以下の声明文を8月11日に発表した．

北里大学海洋生命科学部「学術的震災復興支援プログラム」
の立ち上げに当たって

平成23年8月11日
北里大学海洋生命科学部長
緒方　武比古

Ⅰ．震災への対応

　2011年3月11日（金）に発生した東日本大震災は多くの人びとの命と生活を奪い去っていきました．被災された方々，震災から5カ月を経た今も厳しい状況の中におられる方々に，心よりお見舞い申し上げます．

　大震災は岩手県大船渡市に所在する北里大学海洋生命科学部・水産学研究科にも大きな人的・物的・心的被害をもたらしました．津波は3分の1に当たる学生アパートを全壊流失させました．三陸キャンパスは津波襲来こそ免れたものの，老朽化による影響が懸念されていた3棟の校舎をはじめ，教育・研究の要ともいえる海水揚水システムが損壊し，使用不能の状態です．加え

て，崖崩れや道路の損壊など，周辺環境にも不安要因をかかえ，学生諸君の安全を確保することはきわめて厳しい状況となりました．

学生諸君の心身の安全を確保し，入学時に約束した教育の機会と環境を提供することは大学の責務です．北里大学は，安全確保と大学の責務を果たすべく，平成23年度から平成27年度までの5年間，教育・研究の拠点を相模原キャンパスに移すこととしました．4月からは他学部校舎の一部などを間借りしながら，教育研究活動の再開に鋭意努めてきたところです．この間，学内外から賜りました心強い激励と多大なご支援に心より感謝申し上げます．お陰さまで，連休明けより授業を再開でき今週末をもって前期日程を終了いたします．卒論・大学院研究も少しずつ進んでいるところです．

震災直後の大学周辺の光景は，過去に大災害によって滅び去った都市・文明の末路さえ想起させるものでした．また，人類は文明をいかに発達させようとも地球環境の枠組みの中で生息する生物にすぎないことを強く認識させるものでした．しかしながら，人類はそのたびに惨禍を乗り越え，今につなげてきました．科学・技術は両刃の剣ともいわれますが，災害に学び，自然への理解を深めることが復興に大きな役割を果たしてきたことも確かなことと考えます．

大学は，人材育成，研究成果をもって社会に貢献する責務を有します．被災地の復興が大きな課題となっている今，何よりも学術的サポートを必要とする領域においてこそ大学はその責務を果たすべきと考えます．産業分野における被害は水産分野が著しく，基盤となる船舶，港，養殖施設，加工施設の多くが失われました．増養殖業も種苗そのものの喪失も含め，再開は困難を極めています．沿岸環境がどのように変化し，それがどのように生態系や生物生産に影響するのか，さらにはその回復過程はどのようなものか，などを把握することも今後の水産業にとって大きな課題です．水産学，海洋生命科学が取り組むべき課題は数多くあると認識します．

II．海洋生命科学部・水産学研究科の学術的震災復興支援に関わる基本方針

　海洋生命科学部は昭和47年に設置されて以来およそ40年にわたって，地域

の方々に支えられながら，教育，研究，社会貢献に取り組んできました．研究活動においては，世界を視野に入れながらも三陸沿岸の環境，生物，水産業に関わる知見を蓄積してきました．東北地方太平洋沿岸の水産・海洋系調査研究機関の多くが壊滅的被害を受けた中，本学部は，それら機関と手を携えながら，水産業，沿岸環境の復興，回復に貢献しなければならないと認識しています．

　また，海洋生命科学分野において復興に貢献できる優秀な人材を育成することも重要な役割です．私達にできることは限られているかもしれません．しかし，三陸に足場を置いてきた，そして大震災をともに経験した本学部だからこそできることがあると考えます．

　上述のように，本学部は震災以来今日まで教育環境の再建に向けた活動に専心してきました．この間も個々の研究者レベルでさまざまな復興支援活動に取り組んできましたが，これらを組織的なプログラムとして展開するにはやや時間が必要でした．ここに海洋生命科学部・水産学研究科（来年度より海洋生命科学研究科に改称予定）は，これまでの学術的蓄積と三陸キャンパス施設の一部を活用し，独自の「震災復興支援プログラム」を展開することを表明します．プログラムの基本方針は以下のとおりです．

1．学部・研究科の学術的蓄積を背景に，三陸キャンパス施設の一部を活用して学部独自の復興支援プログラム〔（1）生物相・環境変化およびその回復過程の調査・研究，（2）増養殖業復興に向けた基礎的研究，（3）調査研究成果の情報発信〕を構築・展開します．
2．地域水産業者からの施設利用など具体的な要望に対しては，可能な限り対応してゆきます．
3．「学術的復興支援プログラム推進委員会」を設置し，支援・研究活動の組織化，プログラム構築・展開，調査・研究成果の発信，全学的支援活動，および他機関・学協会・地方自治体などにより展開されるプログラムとの連携を推進します．
4．被災地域の水産業復興に資する調査，研究を行うために，三陸キャンパスの施設を一部共同利用施設（資源，環境調査，種苗生産など）として

運用します．
5．三陸研修所を上記活動に資する宿泊施設として当面活用します．

・学術的復興支援プログラムの推進：
　上記の声明に基づき，プログラム立ち上げ時に下記の具体的調査研究を設定，三陸キャンパスを中心にこれを推進している．なお，これら調査研究は当面の課題であり，今後必要に応じて追加，整理，統合を行うこととしている．

＜東日本大震災による環境・生物への影響評価のための調査・研究＞

区分	研究テーマ
無脊椎動物	・藻類・津波と地盤沈下が越喜来湾の長官体生物相に及ぼす影響 ・大船渡湾における外来フジツボ相と環境への影響 ・越喜来湾におけるアワビ等の生息状況調査
プランクトン	・震災後の有毒・有害プランクトンの出現動態
水質環境	・大震災による吉浜湾，綾里湾，越喜来湾の養殖海域における水質環境 ・津波により流失したがれき類の漂流および深海底への蓄積状況とがれきに含まれる有害物質の解析
底質環境	・湾港防波堤の存否が内湾の底質環境に与える影響評価 ・舞根湾のがれき清掃活動ならびに生物環境モニタリング（共同研究）
生態系	・東北地方太平洋沖地震による深海生態系への影響
漁業	・盛川における天然アユ遡上に対する津波の影響推定 ・震災が岩手県シロザケの回帰に与えた影響評価

＜三陸沿岸における水産業復興に向けた新規及び継続的調査・研究＞

区分	研究テーマ

魚類	・越喜来湾のサーフゾーンにおける仔稚魚の出現動態
	・岩手県沖合における仔稚魚の出現動態
無脊椎動物・植物	・越喜来湾の水質及び潮間帯付着生物相の長期的変動
プランクトン	・岩手県大船渡湾における微細プランクトン群集構造の変化
	・麻ひ性貝毒原因藻 Alexandrium 属の増加原因の検討
漁業	・三陸海岸におけるサケ幼稚魚の誘因保育放流技術開発
	・三陸沿岸におけるミズクラゲ類の漁業被害対策
増養殖	・サケの種苗放流効果を高める初期飼育法の開発
	・三陸沿岸の魚介類の再生・回復を目指した種苗生産体制の構築と実用化技術の確立
	・LED 等を用いた光制御技術の活用によるヒラメ・マツカワ等の養殖技術の開発
	・三陸地方特産のアワビ，ナマコの優良種苗の開発
有効利用	・三陸沖における新規有用微生物の探索

・その他の復興支援活動：
　上記学術的復興支援プログラムとともに地域の要望等に応じてさまざまな支援活動を展開した．以下にその例をいくつか示す．
①グラウンド，体育館の使用貸し出し：地元小中学校の多くは，その校庭に仮設住宅が建設され，体育館は避難所として利用されている状況に鑑み，体育の授業やクラブ活動に三陸キャンパスのグラウンド，体育館を使用していただいた．
②ワカメ種苗復旧の支援：三陸の特産品の一つにワカメがあるが，その種苗は津波による施設の壊滅的打撃により消失したとのことである．ワカメ種苗の復活は三陸水産業の今後にとって大きな意味を持つとの漁協関係者からの申し出に応じ，キャンパス内の水槽施設を貸与し，種苗生産に役立ていただいた．
③平成24年センター入学試験の大船渡における実施：被災高校生支援を目的

として，北里大学（実施主体は海洋生命科学部）がセンター入試実施担当大学として，大船渡，高田地区を対象に大船渡高校においてこれを実施することとし，現在（11月）準備を進めている．

・事務組織の整備：

　三陸からの移動に伴い，三陸地区出身の多くの事務職員は勤務の継続が困難な状況となった．一部は三陸キャンパスの維持管理に引き続きあたっていただくこととしたが，多くは退職，休職を余儀なくされた．これらの方々は，これまで長きにわたって心労をともにしてきた仲間であり，この状況はきわめてつらいものであった．一方，相模原キャンパスにおける事務組織および事務室そのものの整備も緊急の課題として，本部の協議させていただきながら4月から5月にかけて急ピッチにこれを進めた．相模原における学部の事務業務はこれまで述べてきた諸事業，諸活動に加え，教育研究予算およびその執行の見直し等も含まれる．その仕事量の多さ，仕事の多様さから，事務現場はきわめて苦労が多かったものと推察する．

・相模原キャンパスにおけるMB 6号館建設の準備：

　当面の相模原キャンパスでの教育研究を支える基盤として来年度9月使用開始を目指し新校舎（MB 6号館）の建設が，4月度の理事会で決定され，6月度の理事会では工事請負契約等の締結が承認された．これを受け，学部では基本設計，詳細設計の作業をそれこそ突貫工事で進め，9月の地鎮祭にまでこぎつけた．現在，研究室等に内部についてその詳細を詰めているところである．新校舎に以下のような施設等が収容される予定である．

1階　　事務室，学部長室，ロッカー室，会議室，応接室，非常勤講師室，守衛室，水槽室，共通機器室，学生面談室，水槽・資料展示スペース，文書保管庫

2階　　2，3年次用大講義室，小講義室，図書閲覧室，キャリア形成支援室，自習室，セミナー室，大学院講義室，共通機器室

3階　　学生実験室（化学系4室，生物系4室），学生実験準備室，研究室

4，5階　研究室

　以上，今後の災害に何らかの参考になることを期待して，海洋生命科学部の東日本大震災の対応について記録していた範囲での経過をここに報告する．

2．学生の健康

岡田　純
北里大学健康管理センター長

1．はじめに

　1000年ぶりの大震災が東日本を襲った．その時，私は大学病院の免震構造の新棟にいたが，それでも建物はギシギシ音を立てかなりの揺れを感じた．これが，私の大震災の初日である．患者の動揺も収まり，新棟もほとんど被害がなかったため，医学部5階の古い建物の自室に戻ると，一部の本箱は倒れ，スチールの本棚は10cm以上移動していた．私の経験した地震では最大であった．またしばらくすると，結構大きな余震があり，医学部の建物は大きく揺れ，一部の壁は崩れていた．危険なため，早々医学部の部屋から退散し，新棟に戻り，情報収集．震源が三陸沖で，津波が沿岸に来ていることが報道されており，その規模もかなりの大きいとのこと．大きな不安が心を暗くした．心配である．春休みでもあったため，相模原キャンパスでは学生も少なく，幸い，学生や教職員のキャンパスでの被害はなかった．

　しかし，相模原でも震度5弱であったため，小田急線をはじめとし，関東圏の鉄道網は完全に麻痺した．そのため，夕刻から各地の道は大渋滞を来たし，相模大野でも小田急線は不通となり，そのため駅も閉鎖された．相模原周辺でも帰宅困難者が出現した．鉄道を通学，通勤の手段とする学生や教職員は，帰宅困難となり，大学では，体育館を開放し対応した．私は，幸い車通勤であったため，帰宅手段はあったが，通常20分程の距離が，この日は，大

渋滞となり，1時間半も要した．関東では，地震による建物の被害は少なかったものの，交通機関の完全な麻痺で混乱した．

当然のことながら，携帯電話も使用できず．しかし，停電やインターネットの不通はなかったためPCメールやtwitterで家族の安否が容易に確認できたのは幸であった．しかし，東北では，大津波の警戒警報が発令され，多くの地域は停電など，インフラが停止し，現地との連絡が不能となっていた．TVでも，津波来襲の報道が入り始め，大規模な津波が東北沿岸をおそい，関東沿岸にも来るとのことであった．しかし，まだ，詳細は不明である．

2日目，東北沿岸を襲った大津波で，予想以上の規模の沿岸地方が大きな被害を受け，大変な状況である．三陸キャンパスが心配であった．出勤しようとすると，朝から道は大渋滞．はじめは，理由が分からなかったが，ガソリンスタンドに，車が大行列を作っていたための渋滞であった．もう，品不足を心配し，普段は車を使わない人までも，ガソリンスタンドに殺到したのである．ガソリンスタンドのある場所を迂回して，何とか大学へ．

大学病院では，旧棟の壁の一部がはがれたり，渡り廊下が10cm程ずれた

表3.1

点滴	ソルデム1	500ml	10個
	ヴィーンD	500ml	10個
点滴 セット	輸液セット	TI-U751P	30個
	三方活栓		30個
	延長チューブ		30個
	カニューレ型 注射針	18G	30個
		20G	30個
		22G	30個
薬剤	クラビット250		50錠
	クラリシッド	200mg	50錠
	ガスター20		140錠
	ビオフェルミン		600包
	ロキソニン		105錠
	カロナール	200mg	100錠
	PL顆粒		100包
	ブスコパン		50錠
	プリンペラン		50錠

表3.2

絆創膏	10
ガーゼ	適量
包帯	適量
アルコール綿	50パック
駆血帯	5
救急箱	1
聴診器	2
ペンライト	1
体温計	2
血圧計	1
インサイト固定用のテープ	
針ぽい	1
マスク	一箱
手袋	50個

りとの被害はあったが，診療には大きな問題はなかった．しかし，原発だけでなく，火力発電所，水力発電所および変電所，送電設備に大きな被害が発生し，電力供給が不足することが分かり，計画停電の必要性が発表された大学病院でも節電の対応に追われる．

　大学は，海洋生命科学部との連絡が困難な状況が続き，また，現地にいる学生の安否確認も困難で，その対応に追われる状況であった．

　2日目の相模原地区は，停電，物不足に対する不安から，ガソリンスタンドやコンビニ，スーパーマーケットに客が殺到し，店の周囲では，渋滞となり，電池，水，保存食品が店頭からなくなる騒ぎ．関東でもこれほどの状況なので，東北地方の状況は津波により，更に深刻であると思う。沿岸の街は破壊され，沿岸の原子力発電所や火力発電所も被害を受け，関東の電力状況も逼迫した．

　3日目，日曜日は，被害の深刻さが明らかになり，また，関東での電力状況も深刻となり，電力不足に対応するため，3月14日から輪番停電の実施が決定．大学では，海洋生命科学部が三陸に孤立し，インフラがすべて失われているため，現地での学生，教職員の生活が困難な状況が明らかとなり，大学で緊急の対策会議が招集され，現地へ向け救援のバスを出すこととなった．

健康管理センターからは，医師，看護師，カウンセラーが同乗して行くことが決定した．人員の手配を至急行い，センターからは，私，蛯名保健師，カウンセラーの柘植准教授が参加することに決定し，14日の午後に出発できるように準備を進めることとなった．

　北里大学病院のDMATはすでに救援に出発していたが，現地の状態が分からないため，一通りの救急の対応ができるよう，物資の準備に取りかかった．越喜来の校医の先生が活動可能で，すでに脱水の学生に点滴を行ったとの情報があった．その他，明らかな負傷者はいないことが確認された．連絡等がついた学生は，三陸キャンパスの体育館に集合していることが明らかになった．このような状況下でどのような健康に関する支援を行うか検討し，救命救急部にも相談し，医療関連の物品を用意した．

　また，海洋生命科学部のご父母への説明会が日曜日の午後に行われ，お子様と連絡の取れないご父母から不安が伝えられた．大学としては14日にバス3台で第一陣の救援を現地に向かわせることが発表された．

　三陸へ数日間行くため，非常食と，どこでも寝泊まりできるように準備を始めたが，案の定，コンビニ等では電池は売り切れ，ペットボトルの水もほとんどなく，これほど買い占めが進んでいるとは驚きであった．何とか，必要最小限のものは揃えられた．

2．三陸キャンパスへ

　3月11日に発生した東北地方太平洋沖地震により海洋生命学部学生・教職員が三陸キャンパスに孤立したため，救援のための第一陣として，3月14日，健康管理センター医師（岡田純），臨床心理士（柘植道子），保健師（蛯名倫己），および医学部事務職員，海洋生命科学部教員5名のメンバーと，食料，衣料品，医薬品等を準備し，午後1時に北里大学をバス3台で出発することとなった．当日は，計画停電が始まり，小田急線をはじめとして多くの路線が不通となった．小田急線も新宿と相模大野間しか運転されず，そのため道路も大渋滞の状況で，午後1時に5人のメンバーがそろうか不安が生じた．午後12時には藤沢からタクシーをとばして駆けつけた柘植カウンセラーも含

めて，何とかメンバー全員がそろった．高速道路を使用するには，特別許可を得た救援車両として向かわないと，現地にはたどり着けない状況で，福島から北は停電も続いており，まったく予測が立たない状況である．

14日13時の定刻に3台のバスと帰りの燃料を乗せたトラックとで出発した．渋滞が予想されたが，ガソリンスタンドの多くは売り切れで，閉鎖しているところが多くなったため，都内までの道は渋滞もなく，順調に東北道に入ることが出来た．高速道の入口では警察が検問しており，災害救援の車のみ通行が許可されていた．そのため，東北道は，消防，警察，自衛隊等の救援車両のみのため閑散としており，震災による異常事態であることが身にしみて感じられた．栃木のインターで休憩をとったが，ここはまだ，ライフラインは問題なく，本部との連絡も行うことができ，コンビニ等の店も開いており，軽く夕食をとることができた．インターにいる車は，先程同様，消防等の救援の車両ばかりだった．福島県に入ると，地震で被害を受けた家々にブルーシートがかけられていたが，地震で大きく破損した建物は幸い見られなかったが，道路も所々，傷んでおり，しばしば徐行を強いられた．

途中のインターチェンジのガソリンスタンドは，ガソリンの余裕がまだあると見え，満タンにしてもらえた．途中で，燃料漏れのアクシデントが発生．

図3.1 災害救援の認定を受けたバス3台で相模原キャンパスを出発

救援のために積んできた石油のタンクが倒れ一部が漏れていたのである．幸い大事にはならず，拭き取って，漏れがないこと，安全を確認して再出発．

　岩手県に入り，最後のインターで休憩を取ったが，ここは停電であり，店は一切営業していなかった．トイレは使用可であるが，真っ暗な中，懐中電灯を頼りに……震災の影響が段々肌で強く感じられるようになってきた．まだ，携帯は使える状態であり，現地には11時頃到着の予定であった．しかし，越喜来までは行けるが，それから三陸キャンパスまで行けるか不明のため，まずは越喜来のコンビニの駐車場で待ち合わせる事となった．その前に，水沢江刺駅に学生さんのご父母が迎えに着ており，そこでお会いしご父母の意向を確認することとなった．ご父母との話し合いに時間がかかり30分遅れで，越喜来に向かった．途中の町は，停電で真っ暗であり，この先は携帯電話も使用不能になるとのこと．真っ暗な道で，ほとんど車も通っていないため，外の様子は全くわからない状態である．越喜来のコンビニにやっと到着．迎えに来ていただいた，三陸キャンパスの教職員の方とお会いした．現地で，学生が待っており，キャンパスまではバスも入れることが分かり，三陸キャンパスの先生の車に誘導され，バスもそのまま三陸キャンパスへ直行することとなった．真っ暗な越喜来の町を通過すると，いままで見慣れていた建物はなく，瓦礫の間に1本の細い道が通っているだけの状態であった．暗闇で詳細は分からないが，このあたりは，津波で流されているようである．暗闇の道を進みやっと午前0時に三陸キャンパスに到着した．多くの教職員が，ライトを持ち，待ちかねていたように，バスを誘導し，三陸キャンパスの入口に止める．ほとんどの校舎は，地震で被害を受け，倒壊は免れたものの安全性は不明のため使用せず，学生，教職員は全員，高台の体育館に避難し，待機しているとのことであった．

3．三陸キャンパスでの活動

三陸キャンパス到着：

図3.2　東北道は救援のための，自衛隊，警察，消防署の車両が殆どであった

図3.3　閑散としたインターチェンジでバスの運転手の休息を取りながら，三陸へ

図3.4 インターの駐車場も殆どが消防，警察などの車両．コンビニ等一部の店は開いているので，皆ここで軽食を取っている

　教職員の皆さんは，疲れた様子も見せず，頑張っておられ，キャンパス周辺にいた学生は，皆体育館での避難生活を送っていた．バスは，規定で，安全運転のため，運転手は8時間の休憩を取り，その後出発することが決まっていた．体育館には，多くの学生がバスで帰宅できることを待ちわびている様子であった．三陸キャンパスの看護師も待機してくださっており，学生・教職員の救護にあたってくださっていた．越喜来診療所の校医の医師がすでに1日一回巡回診療に来てくださり，1名脱水の学生には点滴もしていたとのこと．越喜来診療所は，津波で診療所も被災したにもかかわらず，先生方は無事非難され，早々に救援活動をされているとのことであった．私と看護師でまず，学生の健康チェックを行った．体育館は広く，暖房も十分でないため，かなり寒い状況であった．そして，時折，ゴーという地鳴りとともに始まる余震．体育館の窓や天井も音を立てる．学生一人一人と面接して，話してもかなり疲れている学生は多いものの，特に早急に治療を要する学生はいなかった．本来ならば，バスの運転手は三陸キャンパスで休憩をとり，それから出発する予定であったが，このような悲惨な状況の場所から学生を一刻も早く離れさせたいとの教職員の思いもあり，運転手にお願いし，三陸を離れたところで，休憩をとり，白金へ向かうこととなった．また，学生だけ

でなく，学生が飼っているペットも同乗を許可することとなった．健康衛生上は，あまり好ましくないが，学生の精神衛生を重視した判断となった．このように，バス3台に乗れる学生約120人を午前2時過ぎには送り出した．このバスに乗れなかった学生も，まだ，数十人おり，第2陣のバスを待つこととなった．また，相模原から持参した，下着の着替え等を配布し利用してもらった．

　120人を何とか送り出せて，教職員の方も少しほっとされた様子だが，この時点で連絡が取れない学生は数十名おり，明日からこれらの学生の安否確認を続ける必要がある．しかし，電話などライフラインがすべて使えないため，避難所等を一カ所ずつ回って確認するしかない．そして，車のガソリンは底をつき，今後の供給される見込みは極めて少ない状況だった．学生には，車を大学においていっていただき，残っているガソリンを使わせていただくことになっているとのことである．それでも，ガソリン不足はすぐには解消できない．

　当日は，時間も遅くなったため，この日は全体で短い打ち合せを行い，体育館で就寝することとなった．7時起床予定．夜間も時々余震の揺れと音で目が覚める．6時には起き始めているため，私も起床した．

三陸キャンパス2日目（15日）：

　教職員・学生さんが朝食の用意をして下さり，皆で，ストーブで暖を取りながら，みそ汁とお結びの朝食．学生および教職員の健康状態を確認し，カウンセラーは，first aid として，悲惨な被災地を見てきた学生の心理的サポートにあたった．この日は寒波が再び来たため，雪模様となり，寒さもまして来た．暖房は約10台の石油ストーブのみである．また，自家発電機を利用した照明と TV での情報が入手可能であった．水道は使えないため，水は海から海水を運びトイレに使用していた．携帯電話は使えず，連絡の手段は，唯一，幸運にも準備してあった衛星電話を自動車の電源を用いて利用していた．これが唯一の本部との連絡ができる生命線である．

　初めの3台に収容できなかった約80名の学生を送り出すバスも，3月15日

に十和田を出発する手配がついたと連絡が入る．この日の情報でも，現地ではガソリンの入手が困難で，ガソリンの手配が最優先課題の一つであった．そのため，自衛隊にガソリン等の物資の補助を要請し，受け入れられる可能性が出てきた．しかし，そのためには，北里大学が何らかの公的な支援をすることが必要であり，医療チームが大船渡市の災害医療支援を行うことで調整に入った．大船渡市は，津波の大きな被害を受けているが，幸い市役所等の本庁と県立大船渡病院は高台にあり，津波の被害は免れていた．大船渡市の保健所との調整を行うこととなった．水曜日と木曜日に2日間被災地の避難所の巡回診療が必要と要望が有り，医師，保健師，カウンセラーのチームで行くことの検討を進めた．

　交渉は，車のバッテリーを利用して使用する衛星電話1本しかないため，なかなか連絡が取りにくい状況であった．大船渡市の本庁の電気と固定電話の一部は復旧していた．北里大学側も，車はあるがガソリンがなく，こちらの車で巡回診療をすることができないため，大船渡市の中心から車で30分程かかる三陸キャンパスから本庁まで，どのように行くかが課題であった．最終的には，三陸キャンパスまで保健師の方が朝ピックアップに来ていただき，それから本庁に行き巡回診療をすることに決定した．

　2日目（15日）も不明の学生の消息も徐々に明らかになってきた．15日の午後7時には十和田から救援のバスが到着することになった．現地には，三陸キャンパスの保健師がいるため，相模原から来た保健師は，学生の健康管理をかねて十和田からの第2陣のバスに同乗することとした．また，体育館は広いため，多少の石油ストーブでは，部屋全体が暖まらないので，皆，ストーブの周囲で暖をとる状況で，防寒具は欠かせない状況である．丁度，スギ花粉の時期となり，周囲の杉の木には沢山の杉の花が付き花粉を放出している．土足で体育館に入るため，ホコリと花粉が持ち込まれ，花粉症の症状も増えている．残念ながら，今回は花粉症対策まではできなかったので，マスクで対処している．

　TVでは，福島原発が水素爆発を起こし，その対策の実況をしている．放射能がどの程度岩手まで影響するかわからず，不安である．

図3.5　安否確認のため飛来した消防庁のヘリコプター

　この日は，救援のヘリコプターが飛来し，ヘリコプターが運動場にうまく降りられなかったため，救助隊がホバリングしているヘリコプターからロープで下りきて，安否確認をしてくれた．なかなか，情報がうまく伝わっていない模様である．特に今，緊急に困っていることはあまりないことを伝えたところ，引き上げていった．

　夕方には，予定通り，十和田からのバスが到着し，ストーブなどの救援の物資の追加もあった．学生の健康状態も問題なく，2台にほとんどの学生が乗ることができた．

　次のバスは相模原から来ることになり，そのバスに，行方が不明のお子様のご両親が見えることになった．この学生さんは，友人が見ている前で，津波の来るなか車に戻ってしまい，安否が心配である．

　2日目の夜は，学部のご好意で，私ども医療スタッフは，三陸研修所を宿舎として使用させて頂くこととなった．ここは，停電であるが，短時間は発電機を利用して多少の照明は使える．また，プロパンガスの設備は地震被害がなく，ある程度台所も使用可能であった．しかし，燃料の節約のため，夕食後は電気を切り，ロウソクに切り替えである．天気予報では，明日は，雪模様で寒くなるとのこと，体育館の寒さも厳しくなりそうである．

図3.6　越喜来から大船度へ向かう

三陸キャンパス3日目（16日）：

　3日目は，予定通り8時に研修所に保健所から迎えに来てくださり，本庁まで行きそこで別のチームと合流し，巡回診療の予定である．天気予報通り，朝から雪まじりの天気である．保健師の方が，時間通り8時に来られ，カウンセラーとともに車に同乗して，出発した．途中，仮設の越喜来診療所に寄ることとなった．元の診療所は津波に被災されたが，高台に移設された仮設

図3.7　津波の被害を受けた越喜来の町．高台の家は被災を免れている

の診療所を運用していた．校医の先生にお会いし，被災の御見舞と，感謝の言葉を申し上げた．診療時には必要最低限の医療品があり，何とか応急処置には対応できるとのことであった．看護師が，必要な物資を届けた後，本庁へ向かった．

ところが，高速道を降りるところで，大渋滞．皆車を左側に寄せて止めていた．カーブのため，先がどうなっているか不明であった．列の車に聞くと，ガソリンスタンド給油待ちの列であった．わずか残ったガソリンの取り合いの状態である．私たちの車もガソリンが少なかったため，緊急車両専用のガソリンスタンドに向かったが，一つ目は閉鎖され，2個目のスタンドで給油ができた．

大船渡市巡回診療：

大船渡市の本庁で，保健所長にお会いし，当日の予定の確認を行った．市内の避難所を中心に巡回し，診療し，不足の治療薬を配布する予定である．大船渡市の駅から海側は津波でかなり被害を受けているとのこと．しかし，すでに，救急対応を必要とする患者はいない状態であった．大船渡病院も被害はほとんどななく，十分機能していることが分かった．駅から海側の地域にあった数カ所の診療所が津波の被害を受け機能していない状態であった．

巡回診療は，秋田県から救援に来ていた車で，秋田県の事務の方が運転し，秋田県からの看護師，大船渡市の看護師，三陸キャンパスの看護師，カウンセラーと私の6人で巡回することとなった．2日前には岩手医大からのチームが巡回したがすでに引き上げていた．

巡回診療は，県立福祉の里が避難所として使用されていたので，まずここへ向かった．停電もなく，内部の暖房もあり，被災者は畳の個室をそれぞれ利用しており，余裕のある感じである．高齢者が多く，部屋ごとの，血圧測定，問診を行った．特に健康上問題のある被災者はいなかったが常用薬をなくした方が多く，緊急性のある薬を配布した．持参した薬も少ないため，3日分とさせていただいた．薬の内容が明確でない方もいたが，薬手帳などを持っている方が意外と多く，これがあると，評価が非常に容易であった．この

施設には，重度の障害者等もいるが，常勤の医師がいないため，診て欲しいとの要請があり，巡回したが，問題のある方はいなかった．次いで，盛駅のそばにある大船渡市民交流センターが避難所になっているため，そこへ向かった．駅の近くまで津波が来ていたが，目立った家の破損は見あたらなかった．しかし，道は汚泥で汚れていた．ここも，2階の大広間が避難所に当てられており，暖房も効いていて，環境は悪くなかった．ここも，薬のない方が大部分で，薬を配布した．軽い外傷の方も見られた．

図3.8　県立福祉の里：避難所

　猪川小学校の体育館では，多くの学童が避難していたが，冬の時期のため，インフルエンザの疑いがある学童がいた．ここには養護教員もいたので，適切な処置が取られ，個室で管理されていた．また，多くの学童が，マスクを着用し，感染防止を行っていた．次に，佐野地域公民館へ向かう．ここは広間に，家族で避難している方も多く，子どもも多かった．特に健康に問題がある方はいなかったが，被災者に夫を亡くされた方が2人おり，カウンセリングの依頼があり，柘植准教授が担当した．重たい事例なので，一人約30分を要し，昼過ぎに午前の巡回を終了し，一度本庁に戻ることになった．本庁で，地元の高校生ボランティアが作ってくれたおにぎりの差し入れで昼食．午後からは，また，別の避難所を巡回することに．大船渡市の北の地域の学

校の避難所へ．小学校の体育館を利用した避難所は，日中のため，かなりの方が，自宅の片付け等に出かけているとのこと．残っている高齢者や中国からの出稼ぎの労働者がおり，この方々の健康チェックをした．多くの方がマスクを使用し，ここでも，幸いインフルエンザは見られていないとのことであった．体育館は，天井が高く広いため，暖房が効かず，寒そうであった．次に，やはり高校の体育館を利用した避難所へ．ここでは，自衛隊員が夕食の炊出しを行っていた．1名発熱者がおり，インフルを心配し，すでに個室に隔離されていたが，症状からインフルが疑われた．しかし，インフルの抗ウイルス薬は手持ちがなく，症状も強いため，県立大船渡病院で，タミフルを入手することとなった．大船渡病院は，比較的落ち着いており，救急車両が4台も待機中であった．救急の担当の脳外科の先生にお会いし，タミフルを1日分与していただいた．この病院も，薬剤の補充の見通しがなく，タミフルの在庫も少ないとのことであった．再び避難所に戻り薬を渡した．最後に，在宅医療を受けていた糖尿病の老人が孤立し，症状が悪化しているとの連絡があり，その場所を巡回することとなった．ここは，赤崎地区で，低い土地は津波のため，車が横転したり，スーパー中の荷物が流れ出していたり，津波被害のあとが生々しいところであった．老人は，一人住まいで，共同住宅の1室におり，いままでは避難所で共同生活をし，食料もあったが，避難所が解散し，自宅に戻ったら，食料も手に入らず，水と少しの菓子類しか摂取していない状態であった．帰れる自宅はあっても，周囲の店は開いておらず，交通手段のない老人にとっては，食料も入手困難であり，悲惨な状況であった．家があるからということだけで，避難所を解散し，その後の面倒を見ないのはあまりに無責任に見えるが．．．．．もっと優先順位の高いものがあるのかもしれないが．

　この日は，一通り，大船渡市の周辺の主立った避難所はすべて回った事になった．

　次の日は，車の手配の問題と避難所の状況を考慮して，巡回診療はしないことになった．

　研修所に戻る途中，初めて明るい時間に越喜来の町を通過した．津波の被

図3.9　避難所に当てられた小学校

害でほとんどの家が壊され，ここまでは津波は来ないとされていた町の一番山側にある越喜来診療所も壊されていた．あまりに無残な町の姿に驚愕した．一本の木だけが象徴的に残っていた．また，人影はほとんどなく，復興の兆しはまだ見られない．ここで多くの方が命を落とされたと思うと，心が痛む．合掌．

図3.10　津波で殆ど家が流された越喜来の町

図3.11　秋田県能代市からの救援の車両：この車で避難所を巡回した

図3.12　津波の被害を受けた赤崎地区．津波による建物の崩壊はないが，多くのものが流されている

図3.13　三陸研修所から見た越喜来漁港：壊れた船などの破片が打ち上げられている

ここでも，平地の部分はほとんど津波の被害を受けており，また，リアス式海岸のため山が迫っていて，このあたりに高台はない．どのようにこの地域を復旧するのか課題は多いように思える．

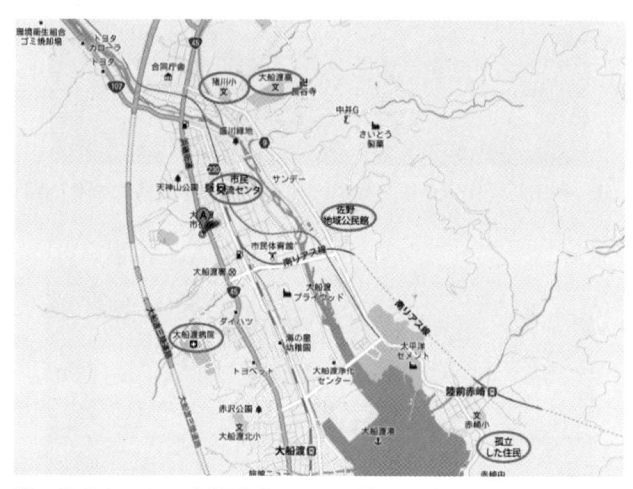

図3.14 巡回診療をした，大船渡市周辺の避難所：丸で示したところを訪問した

図3.15 津波で被災した越喜来診療所

図3.16　越喜来漁港の津波による被害

三陸キャンパス4日目（17日）：

　4日目は巡回診療せず，三陸キャンパスにいることになった．この日も，何人かの学生が戻ってきて，不明の学生は10人以下となった．相変わらず，余震は続き，原発事故の汚染の状況も不安である．幸い風向きは岩手には向かっていないため，それほどの放射性物質の飛散はないと思われるが，情報不足は深刻である．

　研修施設は，崖の上にあり，一部地面に亀裂も入っているが，建物自体の被害はなかった．職員の方の努力で，水の確保と，電源に少し余裕ができたため，風呂を沸かすことができそうになった．教職員の皆さんは，数日間シャワーも風呂も入れない状態だったので朗報である．職員の方の努力に感謝である．皆さん順番に入浴され，元気を取り戻した様子である．

　最後の何人かの学生が見つかった．2人は，パチンコ屋の駐車場に数日いたとのこと，周りの人から食料などを差し入れしてもらえたので，不自由がなかったため，留まっていたとのこと．周りの事が見えない学生の考え方に驚愕．

　また，1名は震災の1週間前に地震と弱い津波があり，震災当日は友人のカメラマンと津波を撮る練習をしていたところ，本物の大津波が来襲．その

記録を撮っていたとのこと，津波が近づくと，水面が徐々に上がった後，急に水面が低下し，湾の底が見えるほど潮が引き，そこに溜まった魚めがけて鳥が集まってきたそうである．その後に，大きな波が来て水位はみるみる上昇，彼らも慌てて避難したそうである．無事で何よりであった．しかし，彼のアパートも津波の被害に遭い，カメラマンを目指していたが，大事な写真などの資料はほとんど失ってしまったこと，その後避難所での手伝いを行っていたが，行く場所がなく，写真の関連の教員知人が釜石市にいたため，そこに身を寄せていたが，道路事情も少し回復したため，三陸キャンパスに戻ってきたとのことであった．

　行方不明になっている可能性のある学生のご両親が相模原からのバスで見えた．お子様が不明のご両親には教職員が同伴し，アパート等があったところを見に行き手がかりがないか探してきたそうである．夜の夕食時テーブルをともにし，いろいろお話した．彼女は，中高生の時から生物や自然が好きで，三陸キャンパスが気に入って大学に入学したとのことである．3月は，クラブの活動で長野にスキー行ったそうだが，卒業生を送り出すため，再び三陸キャンパスに戻り震災に遭った．震災後弟さんが，twitter等を駆使して情報を必死に集めたが，津波の時，車を取りに戻った後の消息がつかめない状態である．また，友人の話でも津波がくるなか，車を取りにもどったことがわかった．その後，車は見つかったが，中には誰もいなく，窓が壊され，脱出したような跡があったとのことである．どこかに逃げて避難しているのではと，ご両親は考えておられ，無事の生還を祈られていた．

　18日金曜日には東京から救援のバスがくることになり，最後の学生と主なスタッフも東京に移動することが決まった．

三陸キャンパス5日目（18日）

　研修所に滞在している教職員の家族の健康のチェックを行ったが，大きな問題はなかったが，お子さんが一人足の爪の化膿が疑われたため，抗生剤を与薬した．ただ，持ち合わせたものが，適正でなかったため，越喜来診療所にお願いして，分与していただいた．また，持参してきた点滴のセット等は

使用しなかったので，一部を残して大部分を診療所で使用していただくことにした．

　大きな重油の発電機も届き，電気の事情は多少改善した．支援していただいた，食料や毛布などが大量に余ったため，整理し，地域の方に寄付することとなった．

　夕方に予定通り，相模原からのバスが夕刻にはつくことが分かり，このバスには，学部長始め主なスタッフ，学生とそのご父母，職員の家族が乗ることになり，準備に入った．

　夕刻，時間通りバスが到着し，バスには副学長の陽先生と，古矢学長補佐も今後の方針を検討するために見えた．

4．帰　還

　午後7時に三陸キャンパスを出発することになった．非常食の乾パンと水とお菓子を配布して，これを夕食替りにして頂くこととなった．早いもので，震災後1週間たち，通信や電気は，大船渡市中心では徐々に回復して来た．バスが大船渡市近郊を通る時は，多少，ドコモとAUがつながるとの情報があり，皆さん待ち構えたようにメールを確認していたが，残念ながら数分で途切れてしまった．帰りは，ガソリンの状況がさらに深刻で，途中のインターチェンジでは，ガソリンは次のインターまでの少量しか補給してもらえず，各インターでの各駅停車の状況である．宮城県に近づくと，やっと携帯電話も安定して使用できるようになり，私も，久しぶりに家族や大学のスタッフに帰還することをメールした．関東に入ると，ガソリンの状況も改善した．携帯電話も回復し，やっと個人的にも大学と連絡が取れるようになり，インターでは電話もでき，ほっとした．午前2時に朝霞インターについたときに遅い夕食？を軽く取り，時間調整で長めの休暇を取り出発した．朝8時には白金キャンパスに着いた．ここで，念のため，全員放射線のチェックを行った．幸い，検出はされなかった．柴学長を始め多くの大学スタッフが迎えてくださった．多くの方は，白金で降りられたが，私どもは，相模原にバスで戻ることになった．

図3.17　北里三陸研修施設

図3.18　3AMの朝霞インター

　大学病院に戻り，一安心．しかし，問題は山積で，これから震災対策をしなければと思った．大船渡市と相模原市が姉妹都市であるため，大学病院からは，救援の医療団を送る準備中で，現地の情報が不足しているとのことで，早々，病院長，救命救急センター長にお会いし報告した．

5．総　括

　学生・教職員の震災緊急時の対応に関しては，比較的スムースに対応がで

きたと考えられる．特に，現地に衛星電話を設置されていたことは，現地との連絡に非常に効果的であり，現地に行くときの準備にも大変役にたった．緊急時用に各キャンパスに1台の設置は必要と考えられた．

　津波で家や友人を失い，キャンパスも移動しなければならなくなった学生の，精神的，物理的負担はどれほどか計り知れない．被災した学生は，数年間は心理サポートが必要である．学生相談室を中心に心理的なサポートが重要となる．健康管理センターで全力で支援して行きたい．

　素晴らしい三陸のキャンパスをこよなく愛していた学生が多いと聞く．夏には，その思いが強く，多くの学生が三陸にボランティア活動へ行った．海洋生命科学部は，数年間は相模原キャンパスで教育を行うが，学生に希望を与えることでも，三陸キャンパスでまた学習ができることを熱望する．

　震災から，半年が経過したが，M9の大地震であり，津波被災地の回復も進んでなく，原発の問題も不透明である．さらに，この後4年以内に，関東にもM7以上の地震が起こる可能性が指摘されている．日本は，大変な試練に立たされており，大学も少なからず，影響を受ける．一人一人の努力から，この困難を乗り越え大きな希望に膨らませて行ければ幸いである．

図3.19　越喜来湾と対岸の雪山：美しい景色のなかにも海面には津波による漂流物が…

6．終わりに

取りとめもなく震災時のキャンパスでの状況を綴ってきた．最後に柘植氏が書いて下さったカウンセリングの立場からの報告を併せて載せるのでご参照下さい．

北里大学三陸キャンパス所属被災学生(注)に対する学生相談室支援

（注：北里大学の1年生は学部に関わらず相模原キャンパスにて教育を受けるが，2年次以降の海洋生命科学部の教育は三陸キャンパスにて行われていた．今回の報告は，岩手県大船渡市三陸町にて被災した学生で，被災当時大学2年生，3年生，研究生，大学院生（約400名）を主な対象にしているが，2年次から三陸キャンパスで学生生活を予定していた1年生（約200名）も多くを失っているため今回の報告対象に含めている．）

平成23年3月11日の東日本大震災により北里大学三陸キャンパスの学生約200名が被災し，すべてのライフライン機能が停止した岩手県大船渡市三陸町に取り残された．北里大学学生相談室では震災直後から現在にいたるまで被災学生(注)への心理的ケアを提供している．学生相談室が今もなお提供している被災学生に対する心理的支援は，大きく二期に分けられる：第一期は被災直後の短期的支援，第二期は所属キャンパス変更後（メインキャンパスである相模原キャンパス所属後）における長期的支援である．

（注：被災学生には直接被災した学生，また間接的な被災（震災当時被災地に不在だったが震災によって知人，友人，家族，家財，住まい等の喪失，震災報道等により心身に影響を及ぼしたもの）の両者を含む．）

第一期：被災学生たちの心身の安全の確認と支援を行うため，3月14日にメインキャンパスである相模原キャンパス健康管理センター所属の医師，看護師，健康管理センター学生相談室所属の臨床心理士が派遣された．派遣された教職員と入れ替わりに164名の学生が救援バスにて東京・神奈川に避難したため，被災地に残された85名の学生を対象に臨床心理士がサイコロジカル・ファースト・エイド(注)に含まれる8つの活動を実践した．

サイコロジカル・ファースト・エイドの観点からみれば，北里大学三陸キャ

ンパスの被災学生は，約200名の被災学生が旧知の仲でありお互いにサポート役割を果たしていたこと，また，教職員が学生の状態を把握し，外部からの限られた情報ではあったが必要な情報が提供され，大学からの働きかけによる学生の身の安全の確保と安心感の提供，そして，現実的な解決策が取られていた．この状況下において学生相談室カウンセラーは，被災学生の心理状態の把握と状況対処に関する情報提供の役割を担った．被災地にカウンセラーが出向くことは単なるサイコロジカル・ファースト・エイド提供者としての役割だけではなく，現地における当事者の状態と状況把握をすることにより，被災者のその後のケアニーズ理解とより効果的なケア提供に有用であった．

（注サイコロジカル・ファースト・エイドの詳細については，アメリカ国立子どもトラウマティックストレス・ネットワーク　アメリカ国立PTSDセンター出版のサイコロジカル・ファーストエイド　実施の手引き　第2版参照のこと．）

　第二期：8月15日の夜までに大多数の被災学生は現地を後にし，5月上旬より相模原キャンパスにおける新学生生活が開始された．学生相談室ではハイリスク群の内訳は以下の3カテゴリーになると想定し，ハイリスク群学生へのアプローチを最優先課題とした．1）行方不明学生と関わりのあった学生，2）震災前に三陸キャンパス学生相談室を利用していた心理的不安定さを提示した学生，そのほか3）最初の2つのカテゴリーに属さないが，震災からうけた心理的影響が強かった学生．最初の2つのカテゴリーに属する学生へのアプローチとケアには，学部との連携協力とマンパワーを要したが，ハイリスク群に該当する学生の選定とリスクアセスメント面接を行うことは比較的困難が少ないと感じられた．三番目のカテゴリーに属する学生を抽出するために被災学生約600名を対象にPTSD，鬱，不安，自殺リスクの有無を確認するアンケート調査を行った結果，95名が前出の症状のいずれかもしくは重複して該当した．

　自殺リスク要確認者を優先してスクリーニング面接を行い，必要に応じ継続カウンセリングにつなげたが，限られた既存人材（カウンセラー）と時間

のため，東日本大震災心理支援センター㊟からの外部応援を要請し，被災学生のリスクアセスメントに特化した役割を担っていただいた．結果，ケアが必要な学生に対しカウンセリングをタイムリーに提供できたといえよう．

現在も継続的に被災学生のケアを行っているが，今後も起きえるストレスイベントにより心理支援が必要な学生がでてくることは免れない．学生相談室では，学生へのよりタイムリーなケア提供が可能な体制を整え，教職員との連携を怠らないことを今後の課題として取り組んでいる．

（㊟東日本大震災心理支援センターとは，当ホームページによると「東北地方及び関東地方で発生した大規模災害によって被災された方々に対して，広く心のケアを行うことを目的とし，（社）日本臨床心理士会と（社）日本心理臨床学会は，東日本大震災心理支援センターを3月23日（水）に開設」とある）．

3．東日本大震災における北里大学の医療支援

竹内一郎
北里大学救命救急センター

1．北里大学病院の医療支援総論

　2011年3月11日に東日本を襲った大規模地震，大津波は関東から東北に甚大な被害をもたらした．

　北里大学では発災当日から現地への医療支援を開始した．急性期は北里大学DMATチーム（Disaster Medical Assistance Team），その後の亜急性期を大学病院医療支援チーム，そして慢性期を北里大学東病院を中心としたこころのケアチームが主に行った．（表1）

2．急性期の活動（北里大学病院DMAT）

　3月11日午後2時46分　その時，相模原市の北里大学病院においても大きな揺れを感じた．手術室の天井が落ちたりするなどの被害がでたものの幸い人的被害はなかった．

　北里大学病院にはDMATが存在する．DMATチームは阪神大震災を教訓に設けられた全国的組織である．1チームには医師，看護師，ロジスティクス（医師・看護師の医療活動をあらゆる面からサポートするスペシャリストで事務職員や薬剤師，放射線技師など，以下ロジ）の計5名で登録されている．全国で起こった災害に対して真っ先にかけつけ48時間程度の急性期の医療活動を担う自給自活を原則とする．北里大学のDMATは自分の部署や院

表3.1 北里大学医療支援概要

被災地への医師等派遣状況
＊派遣実績（平成23年5月11日現在）

大学病院名	概要	チーム構成		派遣期間			派遣先
		人数	内訳	日数	出発日	帰着日	
北里大学病院	羽田空港でSCU活動	5	医師1，看護職2，ロジ2	1	3月12日	3月12日	羽田空港
北里大学病院	羽田空港でSCU活動	5	医師2，看護職2，ロジ1	1	3月13日	3月13日	羽田空港
北里大学病院	被災地の医療救護所，避難所等における医療救護	5	医師2，看護職2，ロジ1	4	3月14日	3月17日	岩手県・宮城県
北里大学病院	被災地の医療救護所，避難所等における医療救護	7	医師3，看護職2，薬剤師1，事務1	4	3月18日	3月21日	岩手県大船渡市
北里大学病院	被災地の医療救護所，避難所等における医療救護	7	医師3，看護職2，薬剤師1，事務1	4	3月20日	3月23日	岩手県大船渡市
北里大学病院	被災地の医療救護所，避難所等における医療救護	7	医師3，看護職2，薬剤師1，事務1	4	3月22日	3月25日	岩手県大船渡市
北里大学病院	被災地の医療救護所，避難所等における医療救護	8	医師4，看護職2，薬剤師1，事務1	4	3月24日	3月27日	岩手県大船渡市
北里大学病院	被災地病院からの患者移送及び被災病院・被災地避難所等における医療支援	5	医師4，看護職1	3	3月21日	3月23日	福島県いわき市
北里研究所病院	被災地の医療救護所，避難所等における心のケア	1	医師1	7	4月2日	4月9日	岩手県大船渡市
北里大学病院	被災地の医療救護所，避難所等における心のケア	1	医師1	7	4月7日	4月13日	岩手県大船渡市
北里大学病院	被災地の医療救護所，避難所等における心のケア	1	医師1	7	4月12日	4月18日	岩手県大船渡市
北里大学病院	被災地の医療救護所，避難所等における心のケア	1	医師1	7	4月27日	5月3日	岩手県大船渡市
		53		53			

内全体の安全が確認されてから救命センターへ集合した．まず情報収集から始めたが震源地は東北でかなり大きな被害がでているらしい，という一報のみであった．各自，いつ出発になってもいいように持参する医療資機材（普段からDMATバックとして救急外来に整備されている）の点検や自分の荷物，自分の家族へ出動の可能性があることなどの連絡に追われた．そのような準備を行っている間にテレビでは大津波が東北各地沿岸を襲っている映像が映し出された．DMAT隊にとって衝撃的な光景であった．ニュース速報

での死傷者はまだ少なかったが映像をみることで実際には多数の犠牲者がでていることが容易に想像できた．北里DMAT隊は3月11日夜には被災地へ出発するつもりで各自が食糧の調達に走った．またテレビを見る限り活動が48時間どころではなく長期にわたることが予想された．当初北里DMATの考えとしてはその日の夜できるだけ早く出発し宮城県沿岸の被災地に入り，医療活動を行うことを考えて行動をはじめていた．しかしDMATとは法律上県と病院長との契約に基づく組織である．神奈川県からの出動要請がないと法的には出動できない仕組みとなっている．神奈川県からの待機要請後出動要請がなかなかなく（県庁も混乱していた）救急外来に集まっていた北里DMATはやきもきしながら待っていた．ついにきた神奈川県からの指令は「東北各県から多数の負傷者を関東に運ぶ計画がある．北里大学はその中心的役割をしてほしい．だから本日は被災地にはいかずに羽田空港に広域患者搬送拠点（SCU Staging Care Unit）が立ち上がったらそこで活動してほしい」という依頼であった．DMATは全国的に統率のとれたチームである．われわれだけが勝手な行動をすることは許されない．県の意向に従い羽田空港へいく準備を再度整えた．羽田空港のSCUがいつ立ち上がるか不明であったのでその夜は情報収集を行いながら羽田空港での活動に備えて物品を再度整えなおした．テレビでは想像を絶する被災地の映像が繰り返し放映され，時間がたつにつれて犠牲者の数もうなぎのぼりとなっていった．

　夜があけて3月12日いよいよ神奈川県から羽田空港SCUへの出動要請がでた．医師1名，看護師2名　ロジ1名の4名が北里大学病院のドクターカーで羽田空港をめざして出発した．

　羽田空港では他のDMAT部隊と協力して赤テント，黄色テントを設営（図1）し患者受け入れ準備を整えた．これにはDMAT関係者のみではなく東京消防庁（図2），羽田空港警備室など多くの関係機関の協力がありスムースに行うことができた．3月12日は福島空港から下肢切断の患者などが搬送されてきた（図3）．日中に羽田空港に到着すれば神奈川県ドクターヘリを使用し北里大学病院への搬送の可能性もあったが福島からC-1輸送機の到着が日没後となったために患者は東京消防庁の救急車にて陸路羽田空港近隣の病

図3.1 羽田空港滑走路脇に設営したテント

図3.2 滑走路脇にスタンバイする東京消防庁救急車

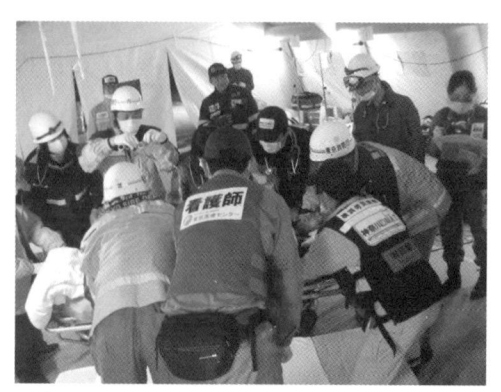

図3.3 搬送されてきた患者をSCUで安定化させる

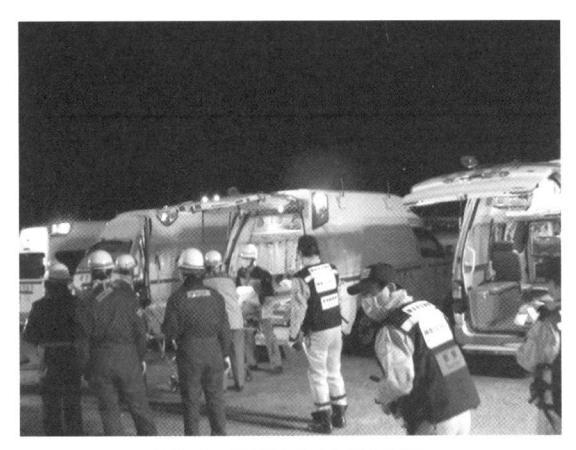

図3.4　安定した患者を搬出

図3.5　C-1輸送機

院に搬送することとなった（図4）．このミッションを無事終了したので北里DMAT隊は一旦羽田空港から大学へ戻った．

　翌3月13日も広域搬送を行うことが内閣府を中心に決定したので北里大学DMATは再度羽田空港へ向けて出動した．（医師2名，看護師2名　ロジ1名の計5名）13日は宮城県から同じく自衛隊C-1輸送機（図5）にて東北から患者が搬送されてきた．13日も到着が日没後となった（図6）ために東京消防

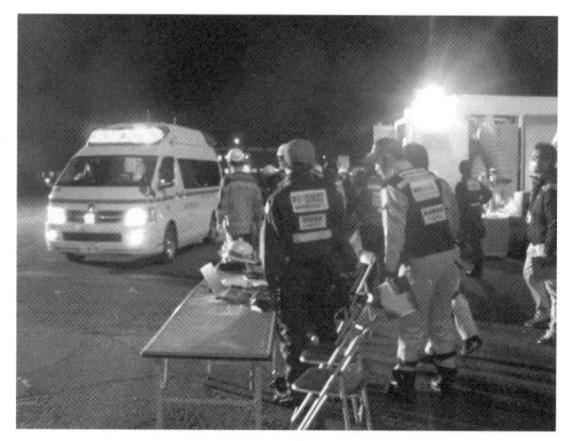

図3.6 輸送機から救急者を使ってテントへ搬入

図3.7 スタンバイする救急車

庁の救急車に乗せ換えて陸路東京都内の病院へと患者を搬送（図7）した．
　結局このミッションが終了したのは13日深夜23時30分ころであった．ちょうどその時に神奈川県から電話連絡があった．「これから宮城，岩手の被災地へ向かってもらいたい」というものであった．北里DMAT隊は発災当日からいつ出発してもよいように待機を行いながら，12日，13日と連日羽田空港SCUへ出動したために各隊員には疲労がたまってきていたができるだけ北里DMATメンバーを入れ替えることで宮城県へドクターカーにて出動す

図3.8　患者を乗せ出発準備をする北里ドクターカー

図3.9　ドクターヘリとドクターカー

ることになった．この被災地内でのDMATの活動はドクターカーを使用しての患者の病院避難搬送任務（図8）が主であった．たとえば石巻市立病院などは水害にてライフラインが寸断された上に周囲の水により自動車でアクセスできない孤立地域となっていた．このような患者をドクターヘリ（図9），自衛隊ヘリ（図10），救急車などを動員して病院全体避難するところに北里大学DMATも参加した．警察，消防，自衛隊，米軍，全国から集まったDMATが協力して被災した病院から重症患者を確実に，迅速に，そして安全に運ぶという仕事を行った．

　福島原発に近い双葉病院は入院中の500人の患者を避難させた．しかし

図3.10　自衛隊ヘリとの引き継ぎ

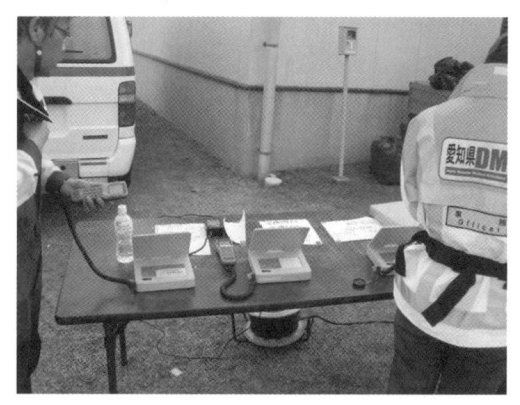

図3.11　衛星電話が唯一の通信手段である

DMATのような医療者の付添がなかったために実に40名程度の方が搬送中になくなったと報道されている．その点この石巻市立病院から400名の搬送に一人の死者もでなかったのはDMATが随時患者の状態観察，早期発見，早期に安定化処置を行ったことが大きく寄与しているのではないだろうかと考えられている．

またこの被災地へのDMAT派遣はその後の北里大学病院医療支援チームを派遣するうえでも大変貴重な情報をもたらした．この時期はまだライフラインが全く復旧しておらず被災地の生の情報が錯綜していて不明な点が多かった．現地に入った北里DMAT隊員から衛星電話（図11）を通じての連絡

にてその後の北里大学医療支援チームの内容を知る上で貴重な地元からの情報源となった．

3．北里大学病院医療支援チーム

　急性期活動を担う北里大学DMAT派遣と並行して北里大学病院では亜急性期の医療を担うべく医療支援チーム派遣の準備が進められていた．DMATのコンセプトは発災当日から72時間までの急性期の医療を担うものである．しかし今回の震災は地震に大津波，放射線障害という状況が明らかになるにつれ犠牲者が日に日に増えている状況であった．また津波で壊滅的打撃を受けている地域はライフラインの復旧にも時間がかかる状況であり被災者の総数すらつかめないでいた．地元の医療復興まではまだまだ時間がかかるのは明らかである．北里大学としてもこの点に留意して「地元の被災者のためになる」という考えで準備をすすめた．

　北里大学医療支援チームではチームに一人のDMAT隊員をいれること（災害医療に慣れたものを一人加えること，また他の関係機関との調整もトレーニングされているため）医師を複数として救急医のみでなく，小児科医，精神科医，公衆衛生専門医なども入れてチームとしての層をあつくすることとした．よって避難所などでの活動に幅を持たせることができるようになった．また急性期から亜急性期に移行している時期を考慮して薬剤師の重要性を認識しチームに必ず薬剤師をいれることとした．これによって津波から着の身着のまま逃げ出して避難所に入った多くの高齢者の方々に薬剤の処方を専門的にできるようになり，薬剤部でも持参薬剤の準備にとりかかった．

　事務部門においてもいつ出発させるか，その移動手段をどうするかなどについて救命センターや相模原市役所，相模原消防と調整を重ねた．

　急性期の北里DMATはドクターカーにて被災地へ行っていた．しかしドクターカーは本年2月より相模原消防と協定書（その後3月23日より大和消防，座間消防，綾瀬消防とも協定書を締結）を結び現場出動態勢がスタートしている．ドクターカー派遣中にも近隣で国道での大型トラックによる交通事故に派遣要請があった．（ドクターカーは被災地へ出動中であったため相

模原消防の救急車に医師をピックアップしてもらい現場へ医師を投入した）これらを考えるとこれ以上ドクターカーを不在にすることは地元医療に支障をきたすと判断，亜急性期の病院支援チームの移動にはレンタカーを契約することとなった．しかしここでも問題が生じる．関東周辺は地震の影響で交通機関に大きな乱れを生じ計画停電もより一層の混乱に拍車をかけていた．レンタカー手配に苦労するも総務課の尽力でやっとワゴン車1台を確保できた．しかしワゴン車のみでは薬剤やたくさんの医療機器を運ぶことができない．この時期相模原市としても銀河連邦を通じた友好都市である大船渡市への支援をはじめていた．調整の結果北里医療支援チームの一部隊員と一部の機材は相模原市の支援バスに同乗させていただくこととなった．

　こうして3月18日夜に北里医療支援チーム先遣隊が出発することが決定した．

医療支援チーム先遣隊の活動

　筆者が医療支援チーム先遣隊の隊長となり持参物品のチェック等の最終確認を行った．

　医療支援チーム出発式（図12）は3月18日18時より藤井院長，早川副院長，海野副院長，高橋事務長など病院幹部が出席し救急外来で行われた．隊員は

図3.12　出発式

図3.13　相模原市チャーターバス

図3.14　現地へ持ち込んだ車両

　すぐに医療機材を積み込み，相模原市チャーターバス（図13），病院で借りたレンタカー（図14）に分乗して出発した．

　この時点においても東北道は緊急車両以外通行止めであった．よってレンタカー部隊はまず車両を相模原警察署に持ち込み被災地支援車両ということで緊急車両登録を行い緊急通行証を取得した．その後隊員が運転を交代しながら夜通し東北道を北上した．東北道は路面陥没など損傷個所が多数あったが応急処置によりスピードを落とせばなんとか走行可能であった．またガソ

リン調達にも苦労した．被災地のみならず首都圏においても3月12日ころからはガソリンが手に入りにくい状況となりどのガソリンスタンドにも給油待ちの車が長蛇の列をなしていた．東北道は緊急車両しか通行できないため一般車両の給油はないもののそれでも一車両あたり一回20ℓの給油までと制限されていた．真っ暗な東北道サービスエリア内の給油所周辺には消防車両，警察車両，自衛隊車両，そしてわれわれのような医療支援チームの車両による給油で行列ができている状況であった．そこでわれわれはすべてのサービスエリアに立ち寄りあいている給油所をみつけては毎回制限の20l給油を繰り返すことによって，現地での活動に貴重なガソリンを被災地に入る前に調達するように努めた．

　東北道をノンストップで夜通し走り続け，水沢インターで降り大船渡へ向かった．大船渡市街地には19日早朝5時半ころに到着した．相模原市チャーターバスで大船渡入りした部隊とは午前7時ころに合流し早速北里大学医療支援チームによる現地活動を開始した．

　先遣隊がまず行ったのは北里医療支援チームの現地本部立ち上げである．市役所へ行き市役所職員と調整し市役所3階のあき部屋（図15）を提供していただけることとなった．もちろん電気，水道等のライフラインは通っていなかったがその部屋に寝袋や持参食糧を持ち込みわれわれの本部兼宿泊所と

図3.15　市役所3階北里大学現地本部

図3.16　先遣隊が持ち込んだ医薬品など

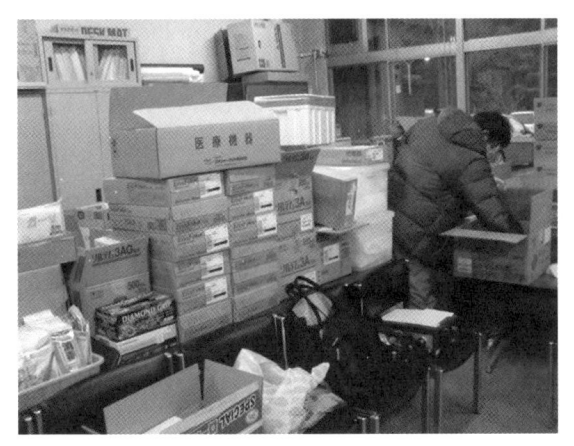

図3.17　全国から届いていた医薬品

した．屋外でのテント野営等も覚悟していた先遣隊にとっては非常にありがたく，またあとに続く後発部隊にとっても有用であった．次に薬，医薬品備蓄庫の設営，整理にあたった．これは市役所一階の選挙管理事務所の部屋を使うこととなった．北里大学病院から大量の医薬品（図16）を持ち込んでいたがそれに加えて相模原市病院協会，医師会をはじめ全国各地から医療支援物資がダンボールで大量に送付されてきていた（図17）．しかし市役所内も人員不足によりそれらを開封して整理できていない状況であった．北里大学

チームはまずこれを整理し，かつ用途別に分別して使いやすくした薬剤の備蓄本部をたちあげることを行った．これには地元大船渡市役所の保健師と協力したり，助言を得たりしながらすすめた．用途別に整理し，保管したことでその後全国から薬品が届いたり，あるいは逆に使用により足りなくなった場合の補充も非常にやりやすくなったと自負している．そしてこれらの薬品は北里大学病院持ち込み物品などとは分別しないことにした．これによって大船渡市に入った他の医療機関の支援チームもこの薬剤備蓄部屋から（後に全国から集まった医療支援チーム会議もこの部屋で行う）自由に物品を持ち出したり，あるいは撤収の際にはここに医薬品をおいていくことで後を引き継ぐチームに役立つことをめざした．

　それらの本部立ち上げ仕事と並行して大船渡市の災害対策本部，企画調整課，医療福祉課と今後の北里大学医療支援チーム業務内容の調整を行った．

　われわれ北里大学病院医療支援チームと大船渡市で唯一の急性期の役割を果たしている県立大船渡病院（高台にありライフライン一部復旧）救命センターとのパイプ作りも行った．これには日頃のDMATインストラクターとしての活動が有用であった．大船渡病院救命センター長の山野目医師も日本DMATインストラクターであり，日頃から訓練等を一緒に行っていたからである．

　また友好都市として相模原市から土木課，相模原市消防を中心に多数の職員が現地入りしていたので北里大学病院チームと相模原市現地責任者との調整，協力体制を確立した．毎日夕方18時に北里大学と相模原市の代表者が集まりその日の活動状況や問題点翌日の予定などについて話し合うことを決めた．

　これらの現地拠点作りをすすめながら，医療活動の準備を行い早速到着午前中から医療活動をスタートすることができた．

　北里医療支援チームは持ち込んだワゴン車に処方に必要な物品を再度積み込み（図18），市役所から避難所へ出発した．道中の大船渡市中心部は市街地まで津波が押し寄せ電車の線路もおれまがり踏切の警報機の上に流されてきたトラックがひっかかっているような状況であった（図19）．海岸線の村は

図3.18　北里大学ワゴン車への積み込み

図3.19　線路をふさぐがれきの山

よりひどい状況で村ごと流されていて跡形もなくなっている場所が多くまさに壊滅的な被害を受けていた（図20）．大船渡市役所医療福祉課と相談の結果北里医療支援チームは海岸線にある末埼町公民館（避難所）へと出向き活動を開始した．

　北里医療チーム先遣隊は医師3人（救急・循環器1人，精神科1　小児1）看護師2　薬剤師1　ロジ1の計7人のチームという構成である．北里医療支援チームは初日だけで70人の患者を診察した（図21）．しかしカルテなど

図3.20　高架線路まで水は押し寄せていた

図3.21　避難者での診察風景

も満足になく，以前入った日赤チームのカルテを参考にわれわれであらたにカルテを作成し，使用した．しかし現地で用意できたカルテは簡単にメモ書き程度であり，毎夜市役所に戻ってから日中のメモ書きを自作カルテに書きうつし整理するという作業を繰り返した．

　通信については携帯電話が全く通じない．大学病院との連絡は唯一衛星携帯電話のみであった．もちろん末崎町でも水道，電気が通じていなかったがなんとか1日目の診察活動を終えることができた．

図3.22　代表者での会議

　避難所で重症患者を診察した場合には前記のように県立大船渡病院への受け入れルートを確保した．そして大船渡病院で対応が難しい場合はヘリで岩手医大等内陸部への広域搬送についても調整を重ねた．
　先遣隊の活動中には大船渡市戸田公明市長，紀室輝雄副市長とも面談した．
　市長からは　今回の北里大学病院としての支援への御礼をいただき継続してより一層の，継続した支援をお願いしたいとの申し出があった．
　現地ではいろいろな医療チームが入っていた．しかし北里のようにメディカル，コメディカルが協力した上で自前の車両を持ち込んで現地活動しているところはあまりないようであった．
　毎夜19時にから大船渡市に入っている医療チーム全員（佐久市，岡山県，徳州会病院チームなど）でミーティングを開催（図22）し医療支援や地域医療の現状と課題，明日への問題点などを話し合う会を行った．この場で翌日の活動方針を分担決定することでだぶりがないように調整できるようになった．
　現地到着3日目になると診療活動がスムースになり救護所周りの活動で110人以上の患者の診察（図23），処方を行いそれに加えて小チームに別れての在宅支援などの活動もスタートした．
　先遣隊活動として後続部隊に続く現地生活拠点を作るということも主要任

図3.23　体育館での診察風景

図3.24　一人分の休憩スペース

務の一つであったので生活環境の整備にもつとめた．

　市役所の3階の会議室（会議でも使う兼用部屋）に寝袋を持ち込んで睡眠をとった（図24）．たびたび震度5程度の余震も発生するのでなかなかゆっくりと睡眠・休息をとることができない夜が続いた．

　被災地支援の基本は「自給自足」である．被災地から食料をもらうわけにはいかない．よって医療支援チームの食事は持参物品のカロリーメイトや持ち込んだ水で作るレトルトドライカレー，レトルトお粥などを順番に食べて

図3.25　自衛隊の給水車より水をいただく

いた．洗面やトイレ用の生活用水については自衛隊の給水車両に並ぶことで確保した（図25）．ライフライン復旧はなかなかすすまずお湯やお風呂に入ることはもちろん一度もなかった．電気については大船渡市役所周辺から少しずつ復旧した．3月20日夜からは通信環境も改善して，それまで衛星電話のみが唯一の通信手段だったのが一般携帯が通じるようになったことで劇的に現地活動がスムースにすすむこととなった．特に被災地から直接大学病院に連絡をとれるようになったことが大きかった．これによって状況を伝えたり，薬剤の不足分を要請したり，第2陣，第3陣へ状況報告，必要物品等の連絡をとれるようになった．

　先遣隊はやってきた第二陣に生活基盤や救護所まわりの活動を引き継いで撤収した．撤収も自分たちでワゴン車を運転して帰ってきたので12時間かけての移動となった．

　第2陣，第3陣もチームとして避難所を回り医療活動を行った．これに加えて地元保健師とチームを組み各家庭を回り，避難所へ行けない寝たきり老人などの病状チェックや処方なども行った．

　先遣隊7人は常にチーム内でもミーティングを重ねた．その中から次のような点を課題として認識していた．

　今回のわれわれ先遣隊の医療活動，処方活動は発熱・喘息などの急性期疾

患の対応は大変有意義である．しかし，高血圧，脳梗塞既往などの慢性疾患の代理処方（町で唯一の医院も津波で流されてしまった）についてはいつまで救護所で医療支援を行うのかが最大の問題である．つまり，現地救護所に出向いて北里から降圧薬を処方することは悪く言うと「一時しのぎ」になってしまう．今回処方できても次の一週間分は？　一か月後はどうする？という根本的問題が発生する．このように地元の自立を支援する方策なく救護所まわりだけを続けていてもそれはいつまでも本当の地元の方々のためにならないのではないか．避難所支援を続けていても常に中長期的視点にたって大船渡市の医療体制が自立できるように考えなくてはならない．一時的な処方活動からできるだけ早い時期に地元の医療機関や薬局を支援しその支援体制を長期間やっていくことに切り替えていくべきではないのか，ということを話し合っていた．すべての薬局を復活させることはできなくても当面は中核となる1施設を開設し地元の体制で不十分なところのみを北里のような外からの医療支援チームがサポートするのがよいのではないかと考えていた．被災地に北里スタイルを持ち込むのは急性期のみでありそれがすぎればその後は地元の中核を決めてそこを支援することが長期的にみれば地元にとって必ず有用となるとわれわれは考えていた．

　もう一点先遣隊の中で話し合ったことは，この北里の医療チーム活動をいつまで続けるのか，どういう戦略でいくのかのプラン策定が必須であることであった．仮に，先遣隊の時点で例えば第5次で医療チーム派遣を中止すると決定している（見通し）のであればできるだけ早く現地の医療部隊，大船渡市に対してもハッキリ伝えるべきである．そして北里チームが撤収したあとの地元中心の体制を確立できるように早いうちから移行準備をすべきである．つまり，「今日まで北里医療チームがフルに活動し明日からは誰も来ない」というようなことになると地元をかえって混乱させてしまう．これについては随時先遣隊，第一陣から病院に残っている病院幹部へ北里医療支援の当面の方針を明確に示すように依頼していたものの満足いく回答は得られなかった．（当初は長期間に被災地支援の医療チームを派遣するという話もあったが急遽第四陣で終了となってしまった）

この問題は今後の被災地支援への大きな課題であると考えている．被災地支援を終了するならばそれなりの準備をしてから終了すべきでありこれは地元の自立，現地医療体制の継続性のためにぜひとも必要な視点である．
　結局北里大学病院の医療支援チームは3月27日をもって撤収した．
　4月からは行政を中心とした「こころのケア」に北里大東病院から精神科医師を一人ずつ派遣することになっている．

4．講演会　今後の課題

　6月22日東日本大震災支援に関する講演会を開催した．当日のプログラムは以下のようである．

18時00分　　開会挨拶　　藤井清孝（大学病院病院長）
　　　　　　　　　　　　海野信也（医学部産科学教授，寄附講座特任教授）
18時10分
第一部　　東日本大震災における取り組み
司会竹内一郎（医学部救命救急医学）
北里大学DMAT活動概要
　服部潤（医学部救命救急医学）
北里大学医療支援チーム報告
・医師より坂東由紀（医学部小児科学）
・看護師の役割と活動戸田はるか（大学病院看護部）
・薬剤師の役割と活動小林昌宏（大学病院薬剤部）
・事務の役割と活動金子弘幸（東病院総務課）
石巻被災者健康調査ボランティア
　早坂由美子（大学病院患者支援センター）
　　こころのケア　　山本賢司（医学部精神科学）
　　相模原市の取り組み　　井上孝弘（相模原市危機管理室）
神奈川県緊急消防援助隊
　田後秀雄（相模原北消防署査察指導課）

19時30分
第二部　　　　総合討論「大災害に備える今後の課題と展望」
座長竹内一郎（医学部救命救急医学）

20時15分
閉会挨拶　　　和泉徹（医学部長）

　当日は院内のみならず県庁などの行政，消防関係者，一般市民の方々など250名以上の参加があり各方面からの報告とそれをうけての今後の課題をみるべき討論が繰り広げられた．

　各大学病院などでもこのような講演会は開催されている．しかし北里大学のように行政（相模原市）消防（相模原市消防局）などと関係機関と合同で開催しているところは珍しい．この点が参加者からも大いに評価された点である．

　10月15日土曜日には一般市民向けに災害医療と放射線障害に関する講演会も行われる予定である．福島原発における放射線障害は今後何年にもわたって市民の生活に大きくかかわっていく問題である．また首都圏直下地震がいつおきてもおかしくない．このような観点から北里大学医学部同窓会を中心に一般市民向け講演会が企画された．

　多くの市民の参加が予定されている当日のプログラムは以下のようになっている．

北里大学市民公開講座
災害医療と放射能汚染
－専門家に聴く最新の医療，正しい知識－
会場　小田急ホテルセンチュリー相模大野　8階　フェニックスⅢ
10月22日（土）午後3時より

参加費無料

第一部講演

相模原市で大規模災害が起きたら…
　　　　　　　　　　－東日本大震災から考える－
　　　北里大学医学部救命救急医学講師　日本DMAT隊員　竹内一郎

第二部講演

緊急被ばく医療施設北里大学病院としての役割
　　　北里大学病院放射線管理室　放射線取扱主任者　野田茂利

司会　北里大学医療衛生学部　教授　増田　卓

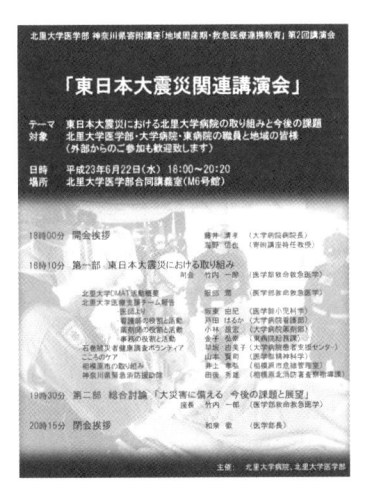

図3.26　プログラム　　　　　　図3.27　プログラム

第4章
地震による三陸津波の歴史

陽　捷行

北里大学副学長

1．地殻変動で創られた列島の地震

　わが国は地殻変動によって造られた島国である．私たちの祖先は，有史以前から地震やそれに伴う津波によって家屋を破壊され，命まで奪われるという厳しい歴史を繰り返してきた．加えて台風や竜巻などの震災の苦境を乗り越えながら，日本人の特性を獲得し，今日みられる豊かな文化を築きあげてきた．これらの自然の驚異が，われら日本列島に住む大和民族と呼ばれる人びとの感性に深く係わってきたと考える．このことは，「第2章　破壊・絆・甦生：東日本大震災－小さな体験」でも一部触れた．

　この島国である日本列島は四つのプレート（岩板）がひしめき合い，境界付近では周期的に大地震が起こる．「太平洋プレート」と「フィリピン海プレート」は，それぞれ西と北北西に向かって，日本列島を乗せている「ユーラシアプレート」と「北米プレート」の下にすべりこんでいる．そのため，世界の地震の10％は日本周辺で発生している．日本は最も地震の多い国といえる．地震は津波を誘発する．われわれは世界でも有数の天地異変の国，日本に，粒々の辛苦を背負いながら生きている．昔も今も，そしてこれからも．

2．巨大津波はなぜ起きたか

　東日本大震災の津波の推定メカニズムが，東京大学地震研究所，建築研究所，京都大学および海洋研究開発機構の研究グループのデータを元に産経新聞にまとめられた（産経新聞：平成23年6月11日）．これによると，東日本大

震災で東北地方を襲った津波は，高い水位が長く続く波と，破壊力が大きい巨大な波の二段構造だったことが分かってきた．日本海溝近くにある分岐断層が動いたことが巨大化の一因だった可能性がある．

　岩手県沖約50kmで観察した記録によると，津波は最初はゆっくりと高さを増し，約10分間は2m程度で推移した．その直後，約2分間で5mに急上昇し，鋭いピークが出現した．ゆっくりした津波は周期が非常に長い波で，ピーク後も含め約20分間にわたり継続した．このため上陸後も水位はすぐに下がらず，内陸数kmまで押し寄せ，広い範囲の浸水被害をもたらした．

　一方，周期が短いピーク時の津波は巨大な「水の壁」となり，さらに高さを増して沿岸を直撃した．波形分析の結果，周期の長い津波は太平洋プレートと北米プレート境界部の深い場所，周期の短い津波は浅い場所が滑って発生したと推定される．浅い場所の方が滑り量が大きく，津波が高い．

　プレート境界の深い場所は，今回の巨大地震と類似する貞観地震（869年），浅い場所は明治三陸地震（1896年）で滑ったとされる領域である．今回の津波は貞観型と明治三陸型が同時発生したと考えられる．

　津波がこれほど巨大化したのは，プレート境界から枝分かれした分岐断層が動き，北米プレートの先端が飛び出すように隆起した可能性がある．この分岐断層は日本海溝の西約40km，水深約3500mの海底にある．大震災後の調査で，付近の海底は南東に約50m移動し，約7m隆起したことが判明した．

3．巨大地震の異変は2日前から

　「第2章　破壊・喪失・互助・再生：東日本大震災－小さな体験から－」でも述べたが，巨大地震の異変は2日前からあった．それは海洋生命科学部・水産学研究科の学位授与式に参加しているときのことである．3月9日11時45分．宮城県北西部が震度5弱の揺れをみた．海洋生命科学部のある大船渡市でも震度5弱の揺れであった．そのとき，大船渡湾は60cmの津波が認められた．気象庁は午後1時，震源地宮城県男鹿半島沖160km，マグニチュード（M）7.3の地震だと発表した．

　この地震は，51時間後の巨大地震の前兆であった．以下は気象庁の速報値

による．3月9日11時57分，M6.3の余震．その後余震の震源は半日で5 km南下する．3月10日，余震の震源が1日に10km南下する．3月11日は連続して余震が起こる．1時55分：三陸沖でM5.3，3時14分：宮城県北部でM3.5，6時41分：茨城県南部でM3.4，6時50分：三陸沖でM4.5，7時44分：三陸沖でM4.8と続く．

11日14時46分：M9.0の巨大地震発生．その後，15時06分：三陸沖でM7.0，15時15分：茨城沖でM7.4，12日3時59分：新潟県中越地方でM6.6，15日22時31分：静岡県東部でM7.4と余震が続く．

今回の大地震に伴う余震の回数は，かつての余震とは回数が異なる．1994年の北海道東方沖地震（M8.2）の4倍もあった．6月2日午前8時までにM5以上の地震が500回を数えた．

4．地震による津波の歴史

地震および海底火山などに伴う津波という驚異的な自然の変動は，新たな環境を創出する．その環境変動に伴って食と健康は多大な影響を受ける．このことは，今回の東日本大震災によっても如実に示された．ここに厳然とした事実として，環境を通した農と医の連携の必要性が提示された．さらに，地震と津波によって生じた原子力発電所の放射能汚染事故も，農と健康の連携の重要性を喚起させる．将来，環境における放射能汚染の問題に徹底的なメスを入れなければならないが，今回はこの問題には触れない．

平成23年3月11日の大津波の経験を忘れてはならない．ということは，それ以前の歴史に現れた津波も忘れてはならないことでもある．われらは，常に「来し方行く末」「歴史に学ぶ」「温故知新」「不易流行」「無用の用」「自然への畏怖」などという概念を念頭に置いて生きていく必要がある．それゆえ，わが国の地震による津波被害の歴史をまとめてみる．

その前に，津波の語源を振り返ってみよう．

語源：「津波」という語は，通常の波とは異なり沖合を航行する船舶の被害が少ないにもかかわらず，津（港）で大きな被害をもたらす波に由来する．文献に「津浪」が認められる最古の例は『駿府記（1611-1615年の日記）』だと

いう．慶長16（1611）年10月28日に発生した慶長三陸地震について，駿府記に「政宗領所海涯人屋　波濤大漲来　悉流失　溺死者五千人　世曰津浪‥」とあるという．なお，表記には「津波（浪）」の他に「海立」「震汐」「海嘯」などとあるが，すべて「つなみ」と読む．

　英語の文献に「Tsunami」という語が初めて使われたのは，小泉八雲（ラフカディオ・ハーン）が明治30（1897）年に出版した「仏の畠の落ち穂：Gleaming in Budda-Fields」の中に収録された『生き神：A Living God』の中だとされる．濱口梧陵をモデルにした『生き神』では，地震後に沿岸の村を飲み込んだ巨大な波を「Tsunami」と現地語の日本語で表現した．この言葉は，1904年の地震学会の報告に初めて使われ，地震や気象の学術論文などに限られたものであった．英語圏では「tidal wave」という言葉が使われてきたが，この語の本来の意味は天文潮汐（tide）による波を示し，地震による波にこの語を使うのは学問的にふさわしくないとされた．現在ではtsunamiが用いられている．

　研究者の間では「seismic sea wave：地震性海洋波」という言葉が使われることもあったが，あまり一般的ではなかった．1946年にアリューシャン地震でハワイに津波の大被害があった際，日系移民がtsunamiを用いたことから，ハワイでこの語が使われるようになった．被害を受けて設置された太平洋津波警報センターの名称も，1949年には「Pacific Tsunami Warning Center」と命名されたことから，アメリカ合衆国ではこの言葉が広く用いられるようになった．その後，1968年にアメリカの海洋学者ヴァン・ドーン（Van Dorn）が学術用語として使うことを提案し，国際的に広く使われるようになった．「ツナミ」は学術用語として国際語になっていたが，2004年のスマトラ沖地震による津波の激甚な被害が世界中に報道されたことを契機に，広く世界中で使われるようになった．

　津波は地震やプレートの移動などで起こる自然現象である．ということは，今後も津波は果てしなく反復されることを意味する．海底地震が頻発する場所を沖にひかえ，しかも南米大陸の地震津波の影響を受ける位置にある三陸海岸は，リアス式海岸という津波を受けるに最も適した地形にある．三

表4.1 地震によるわが国の主な津波災害の歴史
（主としてマグニチュード8以上：なお地域と備考の表記の方法に一貫性はない）

西暦	経過年数	和暦	M	地域	備考
684		天武13	8.25	土佐・南海・西海	南海トラフ沿／土佐12km 2沈下
869	185	貞観11	8.3	三陸沿岸	三陸沖／津波多賀城来襲
887	18	仁和3	8-8.5	五畿・七道	南海トラフ沿／摂津
1096	209	永長1	8-8.5	畿内・東海道	東海沖／伊勢・駿河
1099	3	康和1	8-8.3	東海道・畿内	土佐田千余町沈下・摂津
1360	261	正平15	7.5-8	紀伊・摂津	熊野尾鷲・摂津兵庫
1361	1	正平16	8.25-8.5	畿内・土佐・阿波	南海トラフ／摂津・阿波・土佐
1408	47	応永14	7-8	紀伊・伊勢	紀伊・伊勢・鎌倉
1498	90	明応7	8.2-8.4	東海道全般	南海トラフ／伊勢から房総
1611	113	慶長16	8.1	三陸・北海道東岸	三陸沿岸／南部・津軽・三陸
1677	66	延宝5	8	磐城・常陸・安房・両総	磐城から房総
1703	26	元禄16	7.9-8.2	江戸・関東諸国	元禄地震・相模トラフ／犬吠埼から下田沿岸
1707	4	宝永4	8.6	五畿・七道	宝永地震・遠州灘沖と紀伊半島沖の二大地震／紀伊半島から九州・土佐最大
1793	86	寛政5	8-8.4	陸前・陸中・磐城	仙台・大槌・両石・気仙沼
1854	61	安政1	8.4	東海・東山・南海	安政東海地震・駿河湾奥／房総から土佐
1854	0	安政1	8.4	畿内・東海・東山・北陸・南海・山陰・山陽	安政南海地震／中部から九州・熊本・久札・種崎・室戸・紀伊
1891	37	明治24	8	仙台以南	濃尾地震
1896	5	明治29	8.25	三陸沖	三陸地震津波・北海道から牡鹿半島／吉浜・綾里・田老
1911	15	明治44	8	奄美大島付近	喜界島地震
1918	7	大正7	8	ウルップ島沖	根室・父島
1923	5	大正12	7.9	関東大震災	熱海・相浜
1933	10	昭和8	8.1	三陸沖	三陸地震津波・日本海溝付近／三陸沿岸・綾里
1944	11	昭和19	7.9	東南海地震	熊野灘・遠州灘・紀伊半島東
1946	2	昭和21	8	南海道沖	南海地震・静岡から九州／高知・三重・徳島・室戸・紀伊
1952	6	昭和27	8.2	十勝沖	十勝沖地震・北海道南部東北北部／関東地方・三陸沿岸
1952	0	昭和27	9	カムチャッカ半島沖	太平洋沿岸・三陸沿岸
1958	6	昭和33	8.1	択捉島沖	太平洋岸各地
1960	2	昭和35	9.5	チリ沖	チリ地震津波／三陸沿岸・北海道南岸・志摩半島
1963	3	昭和38	8.1	択捉島沖	三陸沿岸津波
1964	1	昭和39	7.5	新潟地震	新潟・秋田・山形
1993	29	平成5	7.8	平成5年北海道南西沖地震	奥尻島
1994	1	平成6	8.2	平成6年北海道東方沖地震	北海道東部／花咲・択捉
2011	17	平成23	9	東日本大地震	三陸沖／青森・岩手・宮城・茨城・千葉

国内外で死者が1万人を超えた津波は，以下の通りである．
1792年5月：雲仙岳の噴火と地震による津波で1万5千人
1868年8月：チリ北部を震源とするアリカ地震の津波で2万人以上
1883年8月：スマトラ島近くのクラカトア火山の噴火による津波で3万6千人
1896年6月：明治三陸地震で2万2千人
2004年12月：スマトラ沖巨大地震による津波で28万人以上
2011年3月：東日本大震災による死者1万5千，行方不明者1万弱

4．地震による津波の歴史

表4.2 地震による三陸近辺沿岸の津波災害の歴史

西暦	経過年数	和暦	M	地域	備考
869		貞観11	8.3	三陸沿岸	三陸沖／津波多賀城来襲
1257	388	正嘉1	7-7.5	関東南部	鎌倉・三陸？
1611	354	慶長16	8.1	三陸・北海道東岸	三陸沿岸／南部・津軽・三陸
1616	5	元和2		三陸沿岸	
1676	25	延宝4		三陸海岸一帯	
1677	1	延宝5	7.25-7.5	陸中	八戸
1677	0	延宝5	8	磐城・常陸・安房・両総	磐城から房総
1730	53	亨保15		陸前	陸前沿岸
1793	63	寛政5	8-8.4	陸前・陸中・磐城	仙台・大槌・両石・気仙沼
1835	42	天保6		仙台地震	
1856	21	安政3	7.5	日高・胆振・渡島・津軽	三陸・北海道南・南部
1877	21	明治10		チリ	釜石・函館
1894	17	明治27			岩手県沿岸
1896	2	明治29	8.5	三陸沖	明治三陸地震津波・北海道から牡鹿半島／吉浜・綾里・田老
1897	1	明治30	7.7	仙台沖	盛町・釜石
1898	1	明治31	7.2	宮城県沖	岩手・宮城・福島・青森
1901	3	明治34	7.2	八戸地方	青森・秋田・岩手・宮古
1933	32	昭和8	8.1	三陸沖	三陸地震津波・日本海溝付近／三陸沿岸・綾里
1936	3	昭和11	7.5	金華山沖	福島・宮城
1938	2	昭和13	7	塩屋崎沖	小名浜付近沿岸
1938	0	昭和13	7.5	福島県東方沖	小名浜・鮎川
1952	14	昭和27	8.2	十勝沖	十勝沖地震・北海道南部東北北部／関東地方・三陸沿岸
1952	0	昭和27	9	カムチャッカ半島沖	太平洋沿岸・三陸沿岸
1960	8	昭和35	7.2	三陸沖	岩手・青森・山形
1960	0	昭和35	9.5	チリ沖	チリ地震津波／三陸沿岸・北海道南岸・志摩半島
1963	3	昭和38	8.1	択捉島沖	三陸沿岸津波
1968	5	昭和43	7.9	青森県東方沖	1968年十勝沖地震／青森・北海道南部・三陸沿岸
1994	26	平成6	7.6	平成6年三陸はるか沖地震／八戸	
2011	17	平成23	9	東日本大震災　三陸沖／青森・岩手・宮城・茨城・千葉	

陸海岸は，本質的に津波の最大被害地としての条件を十分すぎるほど備えている．今後も津波は三陸海岸を襲い，その都度三陸に災害を与えるであろう．

そのことを肝に銘記するために，この年代表をまとめた．明治29（1896）年の大津波，昭和8（1933）年の大津波，昭和35（1960）年のチリ地震津波，

そして今回の平成23（2011）年の東日本大震災は，37，27，51年の間隔で発生している．明治以降の小さな津波も考慮すれば，三陸沿岸では，絶えず津波による災害を受けていることになる．

死者数と流出家屋を比較してみる．明治29年（26,360人，9,879戸），昭和8年（2,995人，4,885戸），昭和35年（105人，1,474戸），平成23年（死者15,270人，行方不明者8,499人，避難者10,2273人：5月31日現在）．

「天災は，忘れた頃にやってくる」は，寺田寅彦のことばだとされるが，はっきりした出典はわかっていない．いずれにしろ前の災害を忘れ油断していると新たな天災の餌食になるといった意味が強い．しかし，この三陸の地震と津波の記録を見る限り，「天災は忘れる前にやってくる」なのである．

それにもかかわらず「忘れた頃」の印象が強い理由の一つは，大災害といえども南北3000kmにも及ぶ列島全体からみれば，被害地域が限定されていたからであろう．

5．吉村　昭の「三陸海岸大津波」を読む

日本に津波が来る限り，読み継がれていかなければならない本がある．司馬遼太郎と双璧をなすと評価されている歴史小説家の吉村 昭の作品「三陸海岸大津波」は，明治29年，昭和8年，昭和35年の三度にわたる東北の沿岸部を襲った大津波に関する密度の高い記録文学である．

吉村の小説は，自らの講釈をさしはさむことを極力控えて，フィクションを交えようとしない．事実への執念がみえる．当時はもとより，それ以前とその後の公文書や新聞を調べるだけでなく，三陸の海沿いの町村を歩き，古老を訪ね回っている．被災地で窃盗が横行したこと，遺体の収容の実態など包み隠さず記述する．研究者が行う実態調査となんら異ならない．いやそれ以上の緻密さで現場を跋扈する．

津波の前の豊漁や，はるか沖合での轟音，海上での不思議な発光現象などの前兆現象を丹念に収集している．これらの現象のいくつかは，今回の大津波でも確証されている．現象を伝承するおとの必要性を痛切に感じる．

この本を読めば，はたして「想定外の天災」という言葉が吐けるのかとい

う疑問が湧く．記録を残すこと，歴史を学ぶことがいかに重要であるかをこの本は教えてくれる．著者の事実への執念が心を打つ．著者の別の小説「熊嵐」を読んだときと同じ感想，すなわち徹底的なリアリズムこそが真実を明らかにする．

　本誌を紹介する枚数が少ないので，簡単な事実だけを記載する．明治に入ってからの大きな津波，明治29年（1896）津波，昭和8年（1933）津波，昭和35年（1960）チリ地震津波，平成23年（2011）津波の四大津波は，37，27，および51年の間隔で発生している．今回のこの地域の津波としては，実に久しいものであった．吉村が生きていれば，今回の震災で何を思ったか，彼の歯ぎしりが聞こえるようだ

6．津波に耐えた自治体

　「Tsunami」という，今では海外でも通用する日本語を初めて世界に紹介したのは，小泉八雲（ラフカディオ・ハーン）であることは，すでに述べた．八雲は，江戸時代に紀伊半島を襲った大津波から村人を救った豪商の濱口梧陵をモデルに「生き神」という小説を書いたこともすでに述べた．この実話に感動した小学校の教員であった中井常蔵は，これを翻訳した．これを再構成したのが戦前の国語の教科書に掲載された「稲むらの火」である．

　教科書に記載された五兵衛（梧陵）は地震の揺れに続いて浜辺から海水が引くのを見て，大津波の来襲に気づく．稲の束に火を放って村民を高台に誘導した．防災教育の役割を示したのである．

　東日本大震災で被害を最小にとどめたさまざまな自治体があった．岩手・宮城・福島の三県で死者・行方不明者が実質的にゼロの自治体が二つあった．岩手県普代村と洋野町である．洋野町は全町で「即逃げる」を実践した．普代村では巨大な防波堤と水門が住家を守り抜いた．とにかく逃げるか，巨大な防波堤を造るかのいずれかの方法が，死者・行方不明者を出さなかった．

　日頃の防災教育や防災活動が数多くの生命を救ったケースがあった．岩手県釜石市は津波で大きな被害を受けたが，市内の14校の小中学校の児童生徒約3000人はほぼ全員避難し無事だった．中学生が「津波が来るぞ」と叫びな

がら避難し，小学生がその後に続いた．最初の避難場所が危険だと分かると，さらに高台を目指したという．市の教育委員会が実践的な防災教育を実施してきた賜である．釜石の奇跡といわれている．

　岩手県宮古市田老地区では，総延長2.4km，高さ10m という国内屈伸の防潮堤が37.9m の高さにまで到達したという大津波で破壊された．しかし，田老では地域ぐるみの防災活動を展開してきたため，地震発生から避難するまでの時間が早かった．田老の備えともいえる．

　今後，これらの自治体の成果を詳しく検証し，その教訓を頭に入れ，後世の人びとに伝承していくことこそがわれわれの務めであろう．

7．陸域の堆積物から歴史上の大津波を探る

　日本経済新聞は，日本地球惑星科学連合大会の東日本大震災に関する特別講演（2011年5月22日）をまとめている．産業技術総合研究所は，2004年から岩手，宮城，福島，茨城の各県の沿岸部400カ所の地層を採集し，869年の貞観地震による津波が海岸から1.5～3 km にまで到達していたことを突き止めた．

　これまで過去の地震は大量の古文書がないと実態は分からなかったが，いまでは地層の痕跡を調べ，巨大津波の発生を推測できるようになった．津波は海底の砂や貝，海草などを陸地に運ぶ．それらが地層の一部として陸地に残る．津波堆積物である．堆積物の中の貝殻や海草に含まれる炭素同位体を調べれば大まかな年代が分かる．加えて地層の植物や古文書などとつきあわせて正確な年代を特定する．調査地点を増やせば，断層の大きさやずれなども明らかになる．

　このような堆積物の調査から，次のような歴史上に見られる大津波が解明されている．

1）十勝から根室地方にかけて，巨大津波が400～600年おきに起きたことが分かっている．津波の高さは10～17m に達した．直近は17世紀初頭とみられるので，400年経ち，いつ起きてもおかしくない．
2）869年に東日本大震災並みの津波が発生．貞観地震による．

3）1703年の元禄関東地震では，津波が6回以上来襲．
4）1498年の明応地震では浜名湖が海とつながった．
5）四国沖を震源とする南海地震で四国や九州東部に10mを超える津波が押し寄せている．南海地震は100年周期だが，その中に300〜400年おきに超巨大地震が起きていた．

　しかし，この手法にも弱点がある．古くから人が住む地域では地面が何度も掘り返されて痕跡が消えてしまうことが多い．さらに，砂などの堆積物は水より重いため，水の移動よりも早く沈む．したがって，実際に水が到達した地点はさらに内陸になる．到達地点の過小評価につながる．

　現代人は，過去の知恵の結果が集積された古文書と伝説などが示す教訓を頼りに，大地震や津波を予測することが必要である．そのことは，さらに次の項で紹介しよう．

8．地震列島に生きる

　遺跡から地震の痕跡を読み取る地震考古学を確立した寒川 旭は，「地震の日本史」を刊行している．ここには，縄文時代から平成19年の新潟中越沖地震まで，日本で起きた大地震がさまざまなエピソードをまじえて紹介されている．

　そのなかには，東日本大震災と類似している平安初期の貞観地震に関する記述もある．貞観11（869）年5月26日に三陸沖で発生した巨大地震による大津波は，陸奥国の国府が置かれている多賀城の城下まで押し寄せた．M8.3の地震だと推定されている．1000人もの人が亡くなったと「日本三代実録」に記されているという．今回の地震はM9で，津波は貞観地震の津波と同じように多賀城跡近くまで及んでいるから，その規模は似たようなものであろう．

　ところで，貞観時代は自然界で困難な事象が相次いだ．ほとんどが自然の驚異である．貞観地震の直前には熊本の肥後国で大きな地震があった．貞観6（864）年には富士山が噴火した．貞観10（868）年には兵庫の播磨国で役所や寺院などが倒れる大地震があった．13（871）年には山形県の鳥海山が火を噴いた．貞観の時代は18年間続いたが，混迷の世であった．朝廷は災厄に遭

遇した国ぐにの税を免じ救援物資を送り，伊勢神宮にひたすら祈るしかなかったという．

　文人政治家の菅原道真（845〜903年）はこの時代の人で，貞観の世とともに苦労した．道真は貞観12（870）年に最難関の国家試験「方略試」を受験し合格した．問題の一つが「地震（なゐふる）を弁ぜよ」だった．前年に起きた貞観地震への対応が，国家の重大な課題になっていたからであろう．そのような経験からか，道真は地震に関心を持ち記憶と記録にとどめた．彼が編纂した「類聚国史」には，日本書紀以来の六国史に記された地震を集めた日本初の地震カタログも収録されているという．注）「なゐふる」の「なゐ」は大地の意．その後「なゐ」だけで地震を意味した．方丈記に「おそるべきやは　ただなゐなりけり」とある．

　ところで，「表1　地震によるわが国の主な津波災害の歴史」と「表2　地震による三陸近辺沿岸の津波災害の歴史」には，貞観地震以降に起きたわが国と三陸近辺沿岸の主にM8以上の地震を年代別に整理した．表中の経過年数は，ある年の地震・津波発生から次の地震・津波が発生する間の期間年を示したものである．明治，大正，昭和，平成の時代を追ってみると，わが国では0年から37年の間隔で比較的大きな地震が，三陸近辺の沿岸では0年から32年の間隔で比較的大きな津波が発生している．

　貞観地震から1140年以上を経て現在に生きるわれわれは，覚悟を固めるしかないのであろう．この列島に生きている限り，巨大地震に身をさらされることは日本人の宿命であろう．これを前提にして，防災活動や防災教育に努め災害を最小限にとどめる覚悟を個人，行政，国家が持つことであろう．ことが起これば，東日本大震災と同様に復興には莫大な費用，忍耐および年月がかかるであろう．

　この覚悟は，上杉鷹山の自助，互助および扶助という言葉の実態と共に常に心しておく必要があるだろう．

9．麗しい国土

　どのような災害が繰り返し起ころうと，わが国土は麗しい．数多くの明治

唱歌にその姿が映し出されているが，なかでも「夏は来ぬ」は，佐佐木の古典の博識ぶりが光彩を放っている．一番の「卯の花」と「時鳥」の組み合わせは，万葉集以来の夏のイメージとして定着しているという．二番の「さみだれの」は，平安時代の「栄華物語」の一節を連想させるという．「玉苗」の玉は美しいものを褒め称える言葉で，魂にも通じる．

　三番の「窓ちかく蛍とびかい」は，中国の「蛍雪の功」の保持に由来する．「橘」と「時鳥」や，「さみだれ」と「水鶏」の組み合わせは，源氏物語に見られるという．

　五番は，まさにわが国の農村風景にふさわしい詞である．それは，今回の大震災を被った東北地方のどこの町にもあった風景である．この麗しい光景が一瞬にして壊滅した．

　　皐月闇（さつきやみ）　蛍とびかい
　　水鶏（すいな）鳴き　卯の花咲きて
　　早苗（さなえ）植えわたす　夏は来ぬ

　話を転じる．伊勢国の枕ことばは「神風」である．垂仁天皇の御代に倭姫命（ヤマトヒメノミコト）が天照大神を伊勢の地にお祀りした際に，天照大神が述べたことばが日本書紀に出ている．

　「この神風の伊勢国は，常世（とこよ）の浪の重浪（しきなみ）帰（よ）する国なり．傍国（かたくに）の可怜（うま）し国なり．この国に居らんと欲（おも）う」．伊勢国は常世の浪がくりかえしよせる国である．大和の国の近くにある美しい国である．だからこの国に住みたいと思う．

　日本全国の最高神である神宮の大神にかなった土地，伊勢は日本全国の代表として表現されている．ことほど左様に住みよい国であった．大和の国は．

　「古事記」には，国思歌（しのびのうた）として伝わる歌に，この国の美しさが表現されている．

　　　　大和は国のまほろば　たたなずく青垣　山隠れる倭し美し：景行天皇

　この歌は，わが国のどこの市町村で歌われても当てはまる．日本人の心のふるさと東北においては，とくに適合する．われわれは，このような国を永久に維持していかなければならない．それが後から来る人びとへの責務である．
　拓殖大学学長の渡辺利夫氏は，産経新聞の6月10日の正論に書いている．「3月11日を，民族の永遠なることを祈念する『国民鎮魂の日』として制定するよう提言したい」．心から賛同の意を表したい．

参考資料

葉上太郎：津波に耐えた「死者ゼロの街」，文藝春秋，2011年9月号

陽　捷行・ブルース　オズボーン：この国の環境，アサヒビール・清水弘文堂書房（2011）

日本経済新聞：巨大地震8，20011年5月29日

理科年表平成19年（机上版）：国立天文台編，丸善株式会社（2006）

寒川　旭：地震の日本史－大地は何を語るのか－，増補版，中公新書（2011）

産経新聞：土・日曜日に書く，渡部裕明，2011年4月9日

産経新聞：3.11大地震，2011年4月13日

産経新聞：正論，渡辺利夫，2011年6月10日

ウィキペディア：東日本大震災，http://ja.wikipedia.org/wiki/%E6%9D%B1%E6%97%A5%E6%9C%AC%E5%A4%A7%E9%9C%87%E7%81%BD

吉村　昭：三陸海岸大津波，文春文庫（2004）

全国義援金総合募金会：http://saigai.org/a-kakotunami3.html

第 5 章
座　談　会：未来に向けて
─破壊・忍耐・和・絆・奉仕・甦生・胎動・復興─

　　　　柴　忠義（北里大学学長）・岡田　純（北里大学健康管理センター長）
・緒方武比古（北里大学海洋生命科学部長）・古矢鉄矢（北里大学学長補佐）
・陽　捷行（北里大学副学長）

陽：今日は，お忙しいところお集まりいただき誠にありがとうございました．竹内一郎さん（北里大学救命救急センター）にも参加いただければ良かったのですが，お忙しく今回は参加していただいておりません．竹内一郎さんの貴重な震災経験は第 3 章に詳しく，それも数多くの写真が紹介されていますので，これを参照していただきます．

　さて，東日本大震災は強烈な地震と，それが惹起した津波で，東北から関東まで沿岸部をえぐり潰し，東京電力福島第 1 原発に前例のない事故をもたらしました．地震と津波の災害はもとより，電力供給が制約される中で産業の海外移転が加速し，放射能汚染の不安が被災地のみならず全国に広がっています．

　この未曾有の災害から日本は立ち上がれるのか．被災者の冷静さや忍耐強さは，各国から賞賛され，民間企業の復興努力にもめざましいものがあります．しかし，政府や政界の対応は，復興をリードするよりもむしろ障壁となっているようにさえ見えます．

　今日ここでは触れませんが，放射能汚染の問題に関しては，学者の意見はまちまちで，そのうえ緊急の課題に適切な説明ができず，対応策の貧弱さが露呈されました．放射能汚染に対して，これほど政治と学問が軽蔑された時代は，これまでの私の生涯ではなかったように思われます．

しかし，自然科学が発達して，その恩恵を受けることに慣れてしまった現代人は，人間の能力の限界を忘れています．一般の人間にはわからぬことが専門家にはわかるに違いないと思い，専門家に無理難題を負託することが当たり前のようになってきています．専門家の方も，国民に負託されたとなれば，すこしでも応えようとするのは当然としても，いささか無理なことまで背負いすぎる嫌いがあるのも現状ではあります．教育や研究に携わるわれわれは，寺田寅彦の『日本人の自然観』を読み直し，これからの日本のあり方を熟考する必要があるでしょう．

さて，評論家はいつも detachment（距離を置くこと，公平な態度）でありまして，外からこうするべきだ，ああするべきだったと，ご託を宣わるわけであります．われわれ教育や研究に携わる者も時として，いやしばしばこの手を使います．大いに反省せねばならない点ではあります．

しかし，この座談会に参加された方々は，程度の差はあるものの今回の災害に現場でさまざまな経験をされています．経験の濃淡は異なりますが，その意味では performative（動詞で示された行為を遂行する）で，感想や意見を語れる立場におられます．今日は参加された方々の経験を基に，もちろん皆さんと私では経験に大きな違いはありますが，detachment と performative な立場から，意見と感想を聞かせていただきます．

さて，政治家や学者の欠陥を語っているだけでは，大学人としての責務を果たしたことにはなりません．したがって今日は，今回の未曾有な地震・津波の災害を被った岩手県大船渡市に所在する北里大学海洋生命科学部・水産学研究科が，さらには，北里大学全体が災害に対してどのような対応をしてきたか，また，その対応についての反省点などを話していただき，将来起こるであろうこのような事象に活用したく，今回の座談会を計画しました．記録を残すことが，将来の人びとへの遺産になると考えるからです．さらに，被災された方へのせめてもの責務だとも考えるからです．

主として，柴さんは学長の立場から，緒方さんは現場の海洋生命科学部長の立場から，岡田さんは健康管理センター長の立場から，古矢さんは学長補佐の立場からお話を伺えると幸いです．なお私は，農学系担当副学長の立場

と学長から依頼された学長代行的な立場から話をさせていただきたいと考えています．

なお，今回の大震災は農医連携にかかわる事象ととらえました．その説明は，本書の冒頭にも書いております．地震と津波という環境変動によって農業生産の場が壊滅し，食料生産が不能になったこと．一方，津波によって人命が失われ，人びとの健康が大いに害されていることです．この大震災は，まがいもない環境を通した農医連携の重要なテーマなのです．

話の流れは，この書籍の副題にもあるように，「破壊・絆・甦生」に沿って進めて参ります．座談会のタイトルは，「未来に向けて——破壊・忍耐・和・絆・奉仕・甦生・胎動・復興——」としました．思うところを存分に語っていただきたいと思います．

破　壊

陽：さて，前置きが長くなりました．最初に，「破壊」から始めましょう．まず，地震に遭遇されたときの状況をお聞きします．地震が起きたときと，その二，三日後の体験などです．時系列にしたがってお願いします．まず，現場で最も強烈な体験をされた海洋生命科学部長の緒方さんから始めていただきましょう．続いて，学長の柴さん，副学長の陽，学長補佐の古矢さん，健康センター長の岡田さんの順でいきましょうか．

陽　捷行

緒方：地震発生時は，私自身は研究室に学生と一緒にいました．3回ぐらい大きな揺れがあったのですが，1回目でいろんなものが落ちたりしました．相当な揺れだったので，1月でしたか，ニュージーランドの大地震で日本の留学生が亡くなった話を思い浮かべ，ビル全体が崩れてしまうことまで考え，多少揺れは残っていましたけども，机の下にもぐっていた学生諸君に，「とにかく建物から出ろ」という指示をしました．それで下に出てみると，ほかの

研究室のみんなも一様に外に出ていたので，先生方は同じような判断をされたのだろうと思います．

その先ですが，比較的スムーズにいったというのはおかしいのですが，毎年9月の初めに行っていた防災訓練にしたがって避難行動がとられました．その訓練というのは授業中でも中断して一斉に避難し，グラウンドに集合して点呼を取るというものです．また震度5以上だったら，学生・教職員は安否確認メールを事務に出すということになっており，当日も相当数のメールが届きましたので，その成果が出たようです．

緒方　武比古

さらに，災害緊急時対応の各係を決めておりましたが，これに沿って担当の事務職員は，防災グッズ，救命具，緊急持ち出し物，あるいはテントを運び出し15時30分頃には体育館前に仮設対策本部が設置されました．先生方は自分の担当のクラスなり研究室なりの学生を集めて点呼を取り，それを本部に連絡するというような格好で初動態勢はとれました．その時点で，体育館には確か学生131名，院生15名，その他関係業者，教職員合わせて30名ほどがいたと思います．

そこまでが直後の対応です．ただし，地震発生後10分も経たなかったと思いますけど，携帯電話回線が遮断されました．外との連絡が取れなくなってしまったということで，そういう意味では，情報的には孤立したということになりました．早い段階で，海洋生命科学部が孤立しているという情報が流れたと聞いていますけど，それはこの段階の話じゃないかと思います．

陽：そうですね．テレヴィジョンでテロップが，「北里大学の学生たち70人ぐらいが行方不明」と流していたと聞いています．

緒方：そういう環境でしたので，どうすべきかは外部の情報に基づくことはできず，現場の状況を確認しながら判断せざるを得ませんでした．そのうち，大学の近辺の崎浜や浦浜が津波で壊滅状態にある，あるいはそちらには行け

ないなどの情報が，大学に集まってくる学生や教職員から入ってきました（大学の建物は小高い丘の上にあり，津波の被害は受けていない）．

その段階ではもうとにかくここで頑張るしかない，逃げるわけにいかんという状況判断をしました．そこで，さらなる津波を考え学生の車を全部グラウンドに上げさせたうえで，体育館を本部にして，そこで一夜を過ごそうという決断をしました．

それで，そこから先はたき火をするとか，売店の職員も避難しましたから，お願いして売店の食料を持ってくるとか，水・乾パン・毛布などを運び込み，とにかく一夜を過ごす準備をしました．夜になって学部の防災委員会委員長の森山先生が一関からタクシーなどを乗り継いで戻ってこられ，大船渡市内の状況を報告してくれました．私としては，心強い限りで，以後２人で相談しながら本部を動かしました．

その間，学生はたき木を集めてきてくれたりとか，クラブの部屋からバーベキューコンロを持ってきてくれ，鍋でご飯を炊いたりしていました．というようなことで，ちょっとキャンプみたいな雰囲気もありました．ただし，夜はその日も次の日もですけど，ものすごく寒く，雪が降ったり氷が張ったりということで，とても全員が火の周りだけで暖を取るのは無理でした．ワンダーフォーゲル部などにテントを持ってきてもらって体育館に設置しましたが，２日目の夜までほとんどの学生は車の中で過ごしました．

陽：教職員の方々はどうでしたか？　情報とかの入手は？

緒方：私たち教員のほとんどは，寝ていないと思います．私自身は，初日の晩ずっとたき火の前にいたような気がします．２日目以降はさまざまな方法で情報を集める努力を始めました．また，ぽつぽつと学生諸君が下宿先や避難所から集まってきましたので，これも情報源となりました．これらの情報を整理したり，確認したりの作業が続きました．その時点では，すでに本部との連絡が取れていたと思います．思い出せないことも多いのですが，２日目まではこのような状況でした．

当然のことながら，教員や職員は自分の家や家族が心配だったと思います．皆さん大学内で頑張ってくれて，自分から申し出た人はいませんでしたが，教職員のうち可能な人には家族や家を見に行くよう指示しました．そうした方々が戻ってこられてもたらされる情報からも，いろんな状況が少しずつわかってきたように思います．職員の中には家族が行方不明とか，流された人もおり，そういった情報も2日目ぐらいに入ってきました．

陽：次は新幹線で大地震に遭遇され，車内に17時間も閉じ込められ，その後，タクシーを盛岡・仙台と乗り継ぎ，やっと帰京できた学長にお話しいただきましょう．

柴：地震が起きた3月11日は，獣医学部の学位記授与式を終え，14時6分発の新幹線で八戸駅から新幹線で東京に向かっていました．花巻駅の10km手前で地震に遭い，列車は停止しました．地震があったそのときは，それほどの衝撃を感じませんでした．恐怖を感じたのは，新幹線が停車すると同時にものすごい揺れが来たときです．その後の余震により外壁が触れ合う音に恐怖感がありました．午後の3時

柴　忠義

ぐらいに雪が降り出し，非常灯が消え携帯電話も通じなくなりました．電池も切れました．結果的には，一晩電車に泊まったわけです．幸い夜中に水と毛布があてがわれました．一睡もできませんでしたね．

　12日の朝8時にJR東日本の職員の誘導で，雨道を700〜800mほど荷物を引っ張りながら歩いて，待たせてあったバスで盛岡駅まで運ばれました．花巻に行くのかと思っていましたが盛岡に向かいました．バスは国道4号線を北上しました．当然信号も点いていません．盛岡には10時頃着きました．駅のフェザンビルの5階が避難所でした．

　すぐにレンタカーを探しましたが店は閉まっており，結局はタクシーを利用して仙台に到着しました．4時間ぐらいかけて国道4号線を下り，仙台に

着いたのは午後2時ぐらいだと思います．仙台港の方面にすごい黒煙があがっていました．

　仙台では，苦労の末，再び別のタクシーを見つけ，国道4号線を帰ってきました．信号が点き始めたのは宇都宮ですかね．福島ではかなり土砂崩れが起きていて，旧道を回ったりしました．夜の9時頃宇都宮に来ました．途中の那須高原がひどく，片側通行のところが多くて時間がかかりました．宇都宮に来てようやくラーメンを食べました．30時間ぐらいでしょうか，やっと食事にありつけました．東京の自宅には13日の午前2時に着きました．

陽：私は，実はあの大地震と大津波が発生した前の日まで大船渡にいました．緒方学部長のところの水産学部（現海洋生命科学部）の学位記授与式に参加した後だったんです．地震・津波の6日後に再び現場に出かけました．私の泊まったホテルは4階まで津波にやられていました．海洋生命科学部の学位記授与式を行った公会堂も，3階まで津波に襲われていました．われわれが参加した式典は1階で行われたのですが．

　学位記授与式は，大地震・津波の起こる51時間前（3月9日）に行われました．実はあまり知られていませんが，式典の途中に大地震の前触れの地震があったのです．それも震度5強の大きなものでした．このとき，大船渡湾には60cmの津波が押し寄せていました．式典中の大きな揺れに学生たちはびくともしませんでした．あれはたいしたものです．後から聞くと，学生や先生たちは慣れてますからという返事でした．

　大地震に直接遭遇したのは，大船渡にいた翌日の十和田市にある獣医学部の学位記授与式に参加したときです．獣医学部の学位記授与式が終わって，謝恩会が開かれた直後の1時45分頃でした．学部長の挨拶が終わり，さてテーブル上のお酒が飲めるぞ，と思っていた矢先です．会場のシャンデリアが揺れに揺れてました．その後，あの大きな津波が三陸沿岸を襲ったのです．

　建物の倒壊を恐れて，安全確保のため学生たち全員を外に出しました．学生たちが全部外に出るのを見届けて，私も獣医学科長の高井教授と屋外に出ましたが，外では余震が続き，自動車が左右に揺れ，電線もブランコのよう

に揺れていました．幸い建物は倒壊はしませんでした．すぐに獣医学部の敷地に戻り，学生の安全を確認する教職員とともに夕方まで過ごしました．海洋生命科学部への連絡は，もちろん通じませんでした．

　その後のことは，第2章に詳しく紹介したので省略しますが，かいつまんで言えば，埼玉県北本市にある看護専門学校と新潟県南魚沼市にある保健衛生専門学院の卒業式に出かけなきゃあいかんので，2日間の被災生活をした後，十和田からタクシーで青森まで行き，被災後第1便の青函連絡船に乗り函館に，翌日羽田に到着し，その足でどうにか筑波の家にたどり着き，次の日の早朝，看護専門学校に出かけ卒業式を終え，その足で保健衛生専門学院の卒業式に出向きました（なんとその頃，上越新幹線だけは運行していたのです）．この間，北本市でも南魚沼市でも余震は続いていました．

　新潟の卒業式を終え，夜遅くやっと相模原にたどり着いた．次の日，震災後6日目になる17日に，「すぐに学長補佐と海洋生命科学部のある大船渡に行け」ということで，被災地に14時間かけてバスで出かけたという流れが，私の震災にかかわる行動です．学長補佐の古矢さんの話が出たので，私と何回も大船渡に出かけた古矢さんの話を聞きましょう．

古矢：はい．地震が起きたときは，L2号館の自分の部屋にいました．地震は2回来ましたね．大きくガンと揺れたのが2回来ました．この建物は平成8年にできましたが，ひょっとしたら潰れるんじゃないかと，そういう不安も起こりました．

　とにかく揺れが尋常じゃないんです．ガッガッガッとね．とくに2回目の揺れのときには，狭い部屋にいると，閉じ込められてしまうのではないかと．

古矢　鉄矢

それで，大部屋の方に出ました．みんなも呆然と不安げに見ているだけです．とにかく「もぐれ」「机の下にもぐれ」とみんなに声をかけました．

　後で秦野の自宅に戻って気がついたんですが，家自体はヒビも入っていなかったし，本の散乱もひどくはなかったですね．むしろ相模原の方が揺れも

ひどく，被害も大きいような気がしました．多分地殻の状態によって揺れ方が違うのではないかと思いました．

　机の下にもぐるように言った後，3時5分か10分くらいだと思うのですが，L2号館の玄関のところに行ったら，学生が建物から出ようとしている．出ようとしながらまごまごしているんです．一瞬，頭の中に三つ浮かんだことがありました．とっさに「建物から出るな」，潰れるかもしれないけど「建物から出るな」って，そう声をかけたんです．

　三つというのは何かと言いますと，ナチスドイツの時代に，ベルリンがナチスによって建物の窓という窓を全部壊されたんですね．クリスタルナハトってきれいな言葉で飾っていますが，ガラスが上からきらきら輝きながら降ってきて散乱した．ビクトル・フランクルという方が「夜と霧」の中で書いていますが，その光景がまず頭の中に浮かびました．

　それから二つ目は，これも僕らの世代では大変話題になったことですが，丸の内の三菱重工業本社ビルが爆破事件に遭いまして，「大地の牙」という新左翼が起こした事件ですが，そのときもガラスがしきりに落ちてきて，ものすごい光景だったんです．

　もう一つは，私は入職してから3年目に，学生を教養部から大学病院までタンカで運んでいる間に亡くしているんです．その学生は近眼で，ガラス製のサッシドアが開いているだろうと，勢いよく飛び出したら実は閉まっていた．ガラスドアは割れ，運が悪いことに頸動脈に破片が入ってしまい致命傷となった．ガラスが飛び出した形状が残ったガラスドアをよく覚えています．そういう三つの光景がまざまざとよみがえって，「出るな」と言ったんです．3時10分ぐらいでした．

　間もなく，3時20分ぐらいから津波の映像が，各地から入ってきました．ちょうど大部屋にいて見ていましたが，それが何ていうんですか，声が出ない，とくに南三陸町の映像は，地べたを這うようにしてものすごいスピードで津波が上がってくるんですね．

陽：この映像は見ていない．緒方さんも見ていないよね．

緒方：ええ，テレビを見てませんでした．

古矢：初期のライブはそのまま映されましたが，あまりにも生々しい映像で，実はその後チェックがかかったと聞きました．だから当初のものは再放送されていない．津波が迫るのに取り残されている人なんかがそのまま映っているわけです．

　そういった映像がずっと続いて，思い出すのは3時から5時くらいまで，このキャンパスを非常に強い風がびゅうびゅう吹き荒れました．ひょっとしたら天変地異がこっちにまで現れたのかなと思ったくらいです．冷たくて強い風が吹き荒れて，何か風圧の影響でも出たのかなと不思議に思いました．

　私は，5時ぐらいまでそうして傍観していましたが，スタッフ職を命じられているから，職務を越えて直接指揮をとることは控えていたんです．安否確認はすぐ，海洋生命科学部と，白金本部と連絡を取った後に始まったはずです．確認はしていません．夜9時頃になって帰宅難民になりました．小田急線やすべての交通機関が止まって，それで娘の家が近くにあるので迎えに来てもらって，その後，池本（教学センター課長）さんと翌日朝一番に連絡を取る約束をした，その日はそんなふうに時間が過ぎていきました．

　3月12日は，朝7時20分に池本さんに電話を入れて，学生の安否確認状況をわかる範囲で教えてもらいました．2年生以上の学生は約500名ですが，安否確認の取れない学生が約100名いるという内容でした．さきほど緒方先生から発言がありましたが，その時点で三陸グラウンドに集まっている学生は120〜130名くらいという報告でした．

緒方：夕方には169名ですね．
古矢：ええ，そうですね．教員は19名，職員は20名という報告も朝の時点でありました．

陽：話がだんだん詳しくなっていきます．これについては，緒方さんと古矢さんが第3章と第4章で詳しく書かれているので，参照してもらいましょう．

では続いて，岡田健康管理センター長にお話を伺いましょう．

岡田：千年ぶりの大震災が東日本を襲ったその時，私は大学病院の免震構造の新棟にいましたが，それでも建物はギシギシ音を立てかなりの揺れを感じました．これが，私の大震災の初日です．はじめは，病院の患者様の安全などを確認していました．新棟もほとんど被害がなかったため，古い建物の5階の自室に戻ると，一部の本箱は倒れ，スチールの本棚は10cm以上移動していました．またしばらくすると，結構大きな余震があり，医学部の建物が大きく揺れ，一部の壁は崩れていました．危険なため，早々医学部の部屋から退散し，新棟に戻り，情報収集．震源が福島沖で，津波が沿岸に来ていることが報道されており，その規模もかなりの大きいとのこと．大きな不安に襲われました．春休みでもあったため，相模原キャンパスでは学生も少なく，幸い，学生や教職員の地震の直接の被害はありませんでした．

岡田　純

しかし，相模原でも震度5弱であったため，小田急線をはじめ，関東圏の鉄道網は完全に麻痺し，夕刻から各地の道は大渋滞を来たし，相模大野でも小田急線は不通となり，そのため駅も閉鎖されたそうです．相模原周辺でも帰宅困難者が出現したため，鉄道を通学，通勤手段とする学生や教職員は，帰宅困難となり，大学（相模原）では体育館を開放し対応しました．私は幸い車通勤であったため，帰宅手段はありましたが，通常20分程の距離が，この日は大渋滞となり，1時間半も要しました．

破壊後の様態：忍耐

陽：みなさんそれぞれ異なる貴重な体験をされたようです．続いて，体験後の様子をお伺いしたい．これもまた，それぞれの立場でのお話に大変興味があります．これからの話は，破壊された後，地震と津波があってどのように数日間を耐えてこられたか，最もつらかった場面とか，自由に語っていただ

きたい．みなさんの話が時系列につながるように，できれば地震・津波の後から二週間程度で留めていただければ，読者にもわかりやすいと思いますので，よろしくお願いします．今度は，柴，古矢，岡田，緒方，陽の順番でいきましょうか．

柴：13日の朝2時頃，帰宅したのはすでに話しました．その日の午後2時か3時頃，自分の車で相模原キャンパスに出かけると，事務職員が懸命に大船渡にある海洋生命科学部の学生と教職員の安否をチェックしていました．幸いにも，海洋生命科学部長の緒方さんが大船渡の現場にいて，大船渡からはたまたま加戸教授，高橋教授が相模原キャンパスに出張しており，衛星電話（これが設置してあったのですべてがスムーズに処置できた）で現場と連絡を取り合えたため，多くの学生・教職員の安全が確認できました．テレビには一時北里大学の学生たち70人が行方不明などというテロップが流れました．最後は結局，行方不明の学生は一人に留まりました．

　大学の本部では，すぐに対策本部を作り石館常任理事が対策本部長となってご父母に説明会を開くことにしていました．私がこちらに戻るという想定はなかったようでしたが，戻ってからは私がバトンタッチし，こちらで作った行方不明のリストを作成しました．その時点で70人ぐらいが行方不明ということでした．

陽：その数字が先ほどのテロップの数字ですね．結局は，行方不明者は一人に留まったということですね．説明会の内容や後の対策はどうだったでしょう．

柴：いろいろ質問が出ました．親の了解があれば，大船渡から親の元に自由に帰す話もでました．しかし，私が国道4号線を帰ってきた経験から，それは無理だと反対しました．ガソリンスタンドは全然開いていないし，コンビニやスーパーは行列で物を買える状態ではない．電気は消えている．交通事故も起きている．それを見ていたので絶対だめだと言いました．そこで学部

長の緒方さんに「それは絶対だめだ．こちらから迎えのバスを出す」と伝え，地震・津波のあった現場にある大学や大船渡市にいる学生や教職員を避難させるため，連続してバスを運行することを発表しました．後で説明があると思いますが，バス第1弾，2弾，3弾と出て行きます．第1弾は120名，第2弾は48名など，帰ってきた人にはホテルを用意しておきました．このバスで，岡田センター長はじめ保健師さんにすぐに現地に行ってもらいました．

それと同時に十和田（獣医学部のある市）の知人に連絡して，ガソリン，灯油，暖房器具など援助物資を送ってもらいました．また，被災者の帰京後の宿泊施設も確保できました．一般客のキャンセルが相次いだ都内の二つのホテルに180人分確保しました．キャンセルが相次いだのでラッキーでした．

陽：その頃，津波でやられた東京電力福島第一原発で，放射能漏れが明らかになりましたね．バスで帰京した人は，安全のため放射能検査も受けました．私の帰京のときも，バスから降りたらすぐに検査を受けました．対策本部の説明会には古矢さんも出席されたので，続いて古矢さんの話を聞きましょう．

古矢：そうですね．ちょっと元に戻って，先ほどの続きになりますが，3月12日土曜日の18時の時点で，安否確認の取れない海洋生命科学部の学生は59名だったんです．ところが安否確認はなかなか進まない．その前15時に，東京電力福島第一原発の1号機が爆発しました．だから悪材料ばかり増えていく．私が一番念頭に置いていたのは，学生と教職員を一刻も早く救出することで，これは大学の責任でもあるし，私の責任でもあるので，それが進まないと父母や家族の不安を一切なくすことができない．

大体こういう場合には，終着点がおよそ見当付くはずですが，悪材料ばかり広がっていって見えないんです．終着点が見えないというのは，大変に不安なことで，解決の道筋すら立てられない．たとえて言えば，大きな真っ黒な積乱雲が空間のはじまで飛び出していて，一体どこが外周なのかがつかめない，そういうような不安感に襲われました．それが12日の夕刻の時点です．

それで，さっきも申しましたように，直接指揮はとっていなかったのです

が，やはりここに来て，学長もいらっしゃらない，安否確認も進まないということで，夕刻に指揮系統を確立するようにしました．不安を取り除くというのもありました．

　具体的には，相模原の安否確認本部を3副学長の合議制にして，それに健康管理センター長，学生指導委員長，私を加えて6人でいろいろ決める，実務者も入って，そういう合議制をとりました．それから情報共有を申し合わせました．それと，実務者の方は長期戦になるので，教学センターには20名の職員がいるのですが，夕方の時点で宿泊交代を覚悟しました．寝袋とか布団も手配して持ち込んだ．指揮系統は，実際には1日置いて3月12日の夕刻になって確立できたわけです．

陽：ありがとうございました．古矢さんは，そのときから大学のホームページ内に「東日本大震災による本学の被災状況と対策」というサイトを立ち上げました．その辺の話をお伺いしたい．ホームページを立てる前に，説明会を保護者のためにやりましたね．その話をホームページの話と兼ねてしていただくと，地震発生からの流れがよくわかると思います．

古矢：わかりました．3月12日の夕刻から時間が下って午後9時30分に，明日「緊急説明会」を開こうと先ほど申し上げた指揮チームで話し合いました．
　まず，実情を父母や家族に直接話すことが最も大事であると．それから，情報が届いていないということが不安材料の一番の根源にあるので，それをなくそうと，そう合議しました．あとで知ったことですが，父母や家族を対象にした「緊急説明会」は，1968年の東大紛争以来初めてだそうです．言葉を継ぎますと，こうした事態での学部移設は，戦後進駐軍が入ってきたときに強制的な移転はあったそうですが，戦後66年経って初めて起こったことだそうです．だからわれわれは二つの得がたい経験をしてしまった．
　その緊急説明会に向けて，学内の意見は実は固まっていなかったのです．3月13日の15時30分に緊急説明会を開くことを前の晩にホームページに出しましたが，12日の21時35分の時点で学生59名が依然不明だった，連絡が取れ

ていなかったんです．
　緒方先生から入ってくる情報では，現地対策本部の体育館には230名くらいの学生が集まっているが，それを維持していくのは無理である．食料の関係とかいろいろなことがあったのでしょうが，学生を残すならせいぜい40名が限度である，多人数は無理であると．だから，別の手だてとして，市内の避難所に学生を分散させる，また帰宅可能な者は帰宅させようという代替案が伝わってきました．
　この時点で，学長はまだ十和田から帰ってきておられませんでした．じゃあ，帰宅希望者を聞いてみようかという段階まで行っていたわけです．そうした経緯があって，3月13日の緊急説明会を迎えるまで，相模原の安否確認本部では，どういう方向に進んでいくのかがよくわかっていなかった，自覚できていなかったのです．詳しくいえば，一斉救出という方向も決まっていなかった．何となくこれは危険だから一斉救出をすべきかな，という漠然とした危機意識はありましたが．

陽：続いて，岡田センター長に保健師を連れて救援に出かけられる前のお話を伺いましょう．

岡田：海洋生命科学部が大船渡に孤立し，インフラが全て失われているため，現地での学生，教職員の生活が困難な状況が明らかとなったので，大学で緊急の対策会議が招集され，現地に救援のバスを出すこととなりました．健康管理センターからは，医師と，看護師，カウンセラーが同乗して行くことを決定しました．人員の手配を至急行いました．センターからは，私，蛭名保健師，カウンセラーの柘植准教授が参加することになり，14日の午後に出発できるように準備を進めることになりました．
　北里大学病院のDMAT（災害派遣医療チーム）はすでに飛行機で救援に向かうため羽田へ出発していましたが，現地の状態がわからないため，一通りの救急の対応ができるよう，物資の準備に取りかかりました．大船渡の越喜来（海洋生命科学部の所在地）の校医の先生が活動可能で，すでに脱水した

学生に点滴を行ったとの情報もありました．その他，明らかに負傷者だという人はいないことが確認されました．このような状況下で，どのような健康に関する支援を行うかを検討し，救命救急部にも相談し，医療関連の物品を早々に用意しました．

　数日間，三陸に滞在するため，非常食を手配したり，どこでも寝泊まりできるよう準備を始めましたが，案の定，コンビニなどでは電池は売り切れ，ペットボトルの水もほとんどなく，これほど買い占めが進んでいるとは驚きでした．

陽：ここまでの話をまとめます．まず地震が起こる前に大船渡で予震を体験した話があった．3月11日には大地震と大津波があった．そのときに緒方さんは，海洋生命科学部にいらっしゃった．岡田さんと古矢さんは，相模原キャンパスの建物にいらっしゃった．私は，十和田の獣医学部の学位記授与式の後の謝恩会に出席していた．学長は，獣医学部の学位記授与式が終わってすぐに新幹線に乗っておられて，新幹線の中で地震に遭って，24時間近く閉じ込められていた．

　一方，本部では大船渡の海洋生命科学部と連絡を取りながら，学生や教職員を被災地から引き上げることや，医師集団を送ること，受け入れのホテルの選定などやっていたわけです．一方，悲惨な現地はいかがだったでしょうか．つらかったことなど含めて緒方さんに伺いましょう．

緒方：最もつらかったことと言えば，やっぱり人的災害と物的被害の報告を受けることでしたね．やり切れないといいますか，つらい場面でした．1日目，2日目の時点では，まだかなりの行方不明の学生がいましたが，それら学生にかかわるいろんな情報も入ってきました．学生諸君は津波の後，大学に次々と集まってきましたが，今まで後ろに逃げていた2人が見えなくなったとか，1回逃げたんだけど，また下宿に戻った学生がいてその後わからないという話も聞きました．その中に最後まで行方不明だった学生の情報も入っています．

陽：瀬尾さんですね．最後にわかる本学におけるたった一名の行方不明者ですね．

緒方：最後まで…．はい．1日目，2日目の時点では，いろんな情報の中の一つだったですが，だんだん行方不明学生の確認が取れていきました．最終的には2人，さらにそれが最後の1名になるという段階で，その時点では瀬尾佳苗さんの震災時の様子もわかってきました．もしかしたら巻き込まれたかもしれないなと，そういう確度が高くなってきました．しかしわれわれは，もしかしたらどこかの避難所にいるかもしれないとか，病院に運ばれているかもしれないとか，その病院からどこかにまたさらに運ばれているかもしれないなどという，小さな希望を持って，森山先生を中心にいろんな方面を探して回りました．

　その時期に，瀬尾さんのご両親が来られました．そのときの対応が，私の中では一番つらかった．とくにご両親が非常に気丈で，むしろわれわれを気遣ってくれるような発言をされて，余計つらかったという気がします．

陽：今度の震災で北里大学でもいろんなことがありましたが，大学の学生・教職員については，行方不明なり死亡者は，この瀬尾さん1人だけということになりました．瀬尾さんの関係者には，大変不謹慎な言葉に聞こえることは百も承知ですが，この程度で済んだ裏には，緒方さんはじめ教職員のみなさんの相当な努力があったんですね．

　さらに海洋生命科学部では，地震と津波に対応するためのパンフレットを作っていて，機会あるごとに訓練をしていたのです．寺田寅彦の言葉といわれている「天災は忘れた頃にやってくる」（実際にはそんな文章はないらしい）とはちがって，「天災は忘れなくともやって来る」という惹句のあるパンフレットです．これが功を奏したのです．

　今，瀬尾さんの話が出ましたので，私も先にお話しさせていただきます．震災6日後，学長補佐の古矢さんと一緒に大船渡に出かけました．そのときご両親とお会いしました．大変つらかった．いま緒方さんがお話になったよ

うに，瀬尾さんのご両親は非常に，物わかりのいい方で，「やむを得ないんだ」と言いながら遠く海を眺めていらっしゃる姿は今でも目にこびりついています．

　普通，行方不明の捜索願を出すときは，関係者の両親ないし親戚でなければならないそうです．市役所に瀬尾さんの捜索願いを出さなければなりません．ご両親が「もう私たちは行けません」「陽先生お願いします」と言われて，その任を私は引き受けて，戸田公明市長に学長名の捜索願いを出してきました．あの言葉は，一番つらかった……．

岡田：私も一言．ご令嬢が行方不明のご両親が現地まで来られました．瀬尾さんですね．3月17日には教職員同伴で，アパートがあったところを見に行き手がかりがないか探してきたそうです．夕食時には，ご両親とテーブルをともにし，いろいろお話をしました．

　彼女は，中高生のときから生物や自然が好きで，三陸キャンパスが気に入って大学に入学したとのことでした．3月初旬は，クラブの活動で長野にスキーに行ったそうですが，卒業生を送り出すため，再び三陸キャンパスにもどり，震災に遭われました．

　震災時，一緒にいた学生の話では，彼女は津波が来るなか，車を取りに戻り，流されたそうです．その後，車は見つかりましたが，中には誰もいなく，窓が壊され，脱出したような跡があったそうです．どこかに逃げて避難しているのではと，ご両親は考えておられ，無事の生還を祈られていました．

　残念ながら，行方不明で，夏にはご遺体が見つからないまま，葬儀が行われました．この学生を目撃していた学生が，大変落ち込んでしまいましたので，学生相談室で経過を慎重に見ております．また，PTSDのチェックのためアンケートを行い，問題のある学生から面接し，不安を取り除くよう面接を繰り返しています．そのため，震災時よりも，震災後に学生相談室のカウンセラーは非常に多忙となりました．

　このように，三陸キャンパスを大変気に入って入学した学生もいます．そのためにも三陸キャンパスの復興を祈念します．

陽：私を含め緒方さんも，岡田さんもこのことが痛切に心に残っています．緒方さん，先ほどの話の続きをどうぞ．

緒方：結局，われわれには三陸キャンパスでの避難をどう維持していくかというところが，大きな課題でした．割と早い段階から大船渡市からも職員の方々が来てくれていました．私の記憶では，三陸キャンパスは，大船渡地区の避難所の一つに指定されていたと思います．ですから，食料なども細々とでしたが届いていました．

　この避難生活を維持するうえで大変だったのは，結局ライフラインがすべて駄目になったということでした．それに追い打ちをかけるように非常に寒くて，凍えるような夜を過ごさなければいけなかったという点にありました．寒さ対策としては，体育館での寝泊まりする方向で整備を考えたのですが，地震でガラス窓が破れていまして，ドアも閉まらない状況でした．体育館の中にいてもえらく寒くて，ここで長期にわたって学生を寝泊まりさせるのはかなり難しいなという感触は最初のうちからありました．

　もちろんライフラインが駄目なので，水の供給も，たとえばトイレの水もなかなか思うに流せなかったわけです．また，その時点でわれわれが一番欲していたのは，ガソリンです．一応発電機は届いていましたのでガソリンがあれば動くのですが，それを十分に確保できないというところが大変なことでした．

　それから，先ほど学生の情報がなかなか確定できないということを言いました．それにはこちら側にも事情がありました．キャンパスに集合してくれた学生諸君の中には，自分のアパートが無事だった者もおりました．そうしますと，朝はいても夜は寝に帰ってしまうとか，最初のうちはその辺のコントロールがなかなかできませんでした．ですから，点呼を取ってみると未確認者が増えたり減ったりするわけです．

　そして，なかなか確認が取れなかった学生の中には，どこかに旅行に行っていた学生とか，アパートにずっとこもっていた学生とか，われわれが把握できない避難所にいたような例もありました．たとえば，未確認者が残り 4，

5人の段階でリスト上に残った学生の中には，パチンコ屋さんの駐車場にずっといたというケースがありました．そういうところまでわれわれは行けませんでした．私たちは，とにかく未確認者をゼロにするまで頑張るぞということで毎日動いていましたけれど，難しい点はそういうところにありました．

情報が混乱したもう一つの理由ですが，震度5以上だったらすぐに安否確認メールを送るようにという訓練をしていましたから，地震直後には安否確認メールがかなり入ったんです．そのメールで，われわれは安否確認ができたと判断した部分があるんですけど，今回の場合は，その20分後に津波が来て，その後どうなったかわからない．確認されていたのが，途中から未確認になったりするという混乱がかなりありました．そこを整理するのも一苦労でした．

陽：緒方さんは，本当はもっといろんなことを経験されていますが，淡々と話されるから，なかなかその強烈な事象が読者に伝わりにくいところがあると思います．

もう一つ伝わりにくい理由として，実は北里大学の海洋生命科学部の建物そのものは，津波に襲われていないということです．座談会の前に読者にお伝えしておけばよかったのですが，大学の建物は小高い丘の上にあるために，地震の影響は受けたけれど津波の災害はまったく受けてない．ところが，海辺の近くなどに下宿している学生の挙動は，丘の上にある大学では，つかみにくいという現状があったわけです．

その辺の風景はちょっと前段でお話ししておけばよかったと思います．それが1名の行方不明者で済んだことでもあります．

特筆されることは，地震が起こって3，4日してすぐに大学本部が大船渡に救援のためのバスを仕立てたことです．17日の第3便では，古矢さんと私が14時間かけて大船渡に出かけました．古矢さんにバスを仕立てる話など伺いましょう．

古矢：いろいろな悪条件が重なって収拾がつかないと先ほど申しましたが，その中でも徐々に糸口はほぐれてくるんですね．２日目の３月13日日曜日ですが，緊急説明会の前に，現地からは食糧の備蓄の状態とか，飲み水は確保できているとか，下水は沢水を利用しているとか，そういったことが衛星電話を通して入ってくるんです．だから，もし衛星電話がなかったときのことを後で想像したら，ぞっとしました．まるで目隠しをされたような状態になるわけですから．

　そうした情報が入ってくるので，これはある程度行けるだろうと，そういう認識を３月13日の12時の時点で持ちました．この時点で，安否が確認できない学生は46名．前日18時の時点で59名だった人数は，確認作業で前進しています．

　一方，現地対策本部からは，学生を避難所に分散させたい，帰れる者は帰してあげたいと入ってきます．父母は父母で，早く現地に入って救出したいと，そういうことを頻々と電話で言われるわけです．

　学長は３月13日の午前２時に戻ってこられました．しかし，学長も緊急説明会に臨む直前まで態度を決めかねていたような印象でした．タクシーで一般道の４号線を通ってこられたので，状況は見てわかっていたと思いますし，どうすべきかも考えておられたと思いますが，はっきりとはおっしゃらなかったですね．

　そういった混沌状態の中で，12時に会議をもって，緊急説明会で何を説明するのか決めました．第一に，安否確認状況を正確に伝えようと，それから途絶している道路事情とか三陸キャンパスのインフラは比較的確保できているとか，そういう状況を正確に伝えて，現地に入れない事情についても理解してほしいと．三つ目は，じゃあ，その後の手だてを大学はどうするのか，それをきちんと伝えようと．それが一斉救出となったわけです．

　説明会に臨んだときには，学長は決めておられました．父母からはさまざまな意見が出ました．たとえば，「どうして見に行ってくれないんだ」「捜索に行ってくれないんだ」と．それに対して「捜索は無理です．確認が精いっぱいです」と現地から衛星電話で返事が返ってくる．それに答える．また，

「本人が自己責任を同意して，両親が同意するなら，通路の安全を確認した上ですぐ帰してほしい」と，それもさかんに言われるわけです．

しかし，「待ってほしい」「単独でも一緒でも，車での帰京には道路事情がきわめて悪い．ガソリンスタンドはない．一般道を通るしかない．何が起こるかわからないほど状況がつかめないのです」とこまごま説明して，やっと理解を得て，「そうですか．それだったら大学にお任せするから，ぜひ一斉救出をお願いしたい」という意見に変わったのが，説明会を開いて2時間たった17時過ぎだったでしょうか．がらりとムードが変わった．学長，柴先生の一斉救出方針で結構ですと，ほとんどのご父母が了解された．

陽：古矢さんの話の中に，今回の災害での重要な項目が2点ありました．ひとつは，柴学長の経験と判断です．学長は震災を新幹線で体験され，盛岡や仙台，または国道の悲惨な被災状況をタクシーの窓から観察しておられたことです．

私も十和田で震災を経験し，3日間難民生活を送っているものですから，学長の説明が手に取るようにわかる．でもご父母に理解させるのは難しかったでしょうね．

もうひとつのことは，柴学長が早くから各学部に設置させておいた衛星電話の活用でした．この二つのことが，災害を少なく食い止めたと思います．柴学長に衛星電話のことなどをお伺いしましょう．

柴：中越地震（2004年10月23日：新潟県中越地方中心のM6.8の直下型地震）のときに新潟のキャンパス（専門学校：北里大学保健衛生専門学院）が完全に孤立しました．全然連絡がつかない．これを機に大学全部に衛星回線の電話を入れることにしたのです．常任理事会で，必ず何カ月かに1回はチェックするように指示していましたが，きちんと機能していないところもありました．

海洋生命科学部では，たまたま衛星回線が大変な威力を発揮しましたね．連絡を取るのに役に立ちました．日頃こういうものをきちんと使えるように

しておく必要があると思います．このおかげでそれぞれの学生の無事な声を親に聞かせることもできました．

陽：本当に衛星回線は良かった．胡麻を擂りますが，学長の大いなる業績の一つと思います．この衛星回線の話は，こと大学のみでなくすべての組織に関心を持ってもらいたいものです．

　私は難民生活と卒業式まわりで対策本部の活動が見えていませんので，対策本部の話などお願いします．また，この時期の学長の決断などをお聞かせください．

柴：本当に事務の人たちがよくやってくれました．みんな必死に手分けして，連絡を取りながら消息を確かめたりしていました．結束していましたね．白金の本部では，帰ってきた人に弁当を用意したり，炊き出しをしたり，さまざまなものを用意したり，一丸となっていました．

　この頃，学生と教職員全員を大船渡から引き上げる決断をしました．当座のところ5年間は，相模原キャンパスで学生の教育に当たることを考えました．この決断に対して，さまざまな意見がありました．

　決断の根拠は次の通りです．まず，学生約160名のアパートが流出したことです．北里大学海洋生命科学部は大船渡市の構成要素の一つです．町の復興には時間がかかります．大船渡市と相模原市の間を学生が往復することはできません．震災後，半年経ちましたが町はまだ復興していません．4年間で復興したとしても，学生の教育の問題があります．大学は学生の教育を優先するところです．街が復興するまで，学生の教育を待つことはできません．このことは，来年の学生にも同じことがいえます．そこで，5年間は相模原キャンパスで教育を実施することに決めたのです．

　約750人の学生の教育を相模原キャンパスで行うことは，至難の業です．学生から授業料をいただいている限りやらねばなりません．さまざまな学部の空いている部屋や実験室を借りましたが，それだけでは十分ではありません．そこで，来年の後期から新しい講義棟で教育をするため，校舎を新築し

ます．この９月には，建物の地鎮祭も行いました．

　海洋生命科学部の学生が，三陸の現場で教育されるのが最適であることは十分にわかっています．５年間の間にそれなりの機運が高まって，大船渡に学部を移そうなどという構想も生まれてくるでしょう．今後の学生や教職員の意識の流れをじっくり見ておけばいいと思います．大船渡市との交流は，今後も続けていきます．すでに，さまざまな形と場面でその萌芽は見られます．

陽：教育を遂行する現実の問題，大船渡市の思惑，将来の展望などさまざまな要因を考え抜かれての決断だったと思います．私も大船渡市長のところに出かけ，学長の思いを語ってきましたが，大学も教育という大きな課題がありますから，当を得た決断だと考えます．では続いて，３月14日のバスで大船渡に入られた岡田センター長のお話を伺いたい．

岡田：３月14日午後１時定刻に３台のバスと帰りの燃料を乗せたトラックとで出発しました．高速道の入口では警察が検問しており，災害救援の車のみ通行が許可されていました．そのため，東北道は，消防，警察，自衛隊などの救援車両が通行するだけで閑散とし，震災による異常事態であることが身にしみて感じられました．

　岩手県に入り，最後のインターで休憩を取りましたが，ここは停電で，店は一切営業していませんでした．トイレは使用可でしたが，真っ暗な中，懐中電灯を頼りに．震災の影響が段々肌で強く感じられるようになってきました．

　予定通り，越喜来のコンビニの駐車場で待ち合わせ，三陸キャンパスの教職員の方とお会いしました．そこで，三陸キャンパスまではバスも入れることがわかり，三陸キャンパスへ直行することとなりました．真っ暗な越喜来を通過すると，いままで見慣れていた建物はなく，瓦礫の間に１本の細い道が通っているだけの状態でした．暗闇で詳細はわかりませんでしたが，このあたりは，津波で流されているようにみえました．暗闇の道を進みやっと午

前０時頃に三陸キャンパスに到着しました．多くの教職員が，ライトを持ち，待ちかねていたようにバスを誘導し，三陸キャンパスの入口に着きました．校舎は，地震で被害を受け，倒壊は免れたものの安全性は不明のため使用せず，学生，教職員は全員，高台の体育館に避難し，待機しているとのことでした．

　私と保健師で，まず学生の健康をチェックしました．体育館は広く，暖房も十分でないため，かなり寒い状況でした．そして，時折，ゴーッという地鳴りとともに始まる余震．体育館の窓や天井も音を立てていました．

　学生一人一人と面接して，話してもかなり疲れている学生は多いものの，とくに早急に治療を要する学生はいませんでした．バス３台に乗れる学生120人を２時過ぎには送り出しました．このバスに乗れなかった学生も，まだ，数十人おり，第２陣のバスを待つこととなりました．

陽：話は前後しても結構ですが，古矢さん救援バスの話などをお願いできますか？

古矢：救援バスは３月14日から５月８日まで32便，37台が往復しています．食料と水を積み込んだ仕立てバスは三便だけです．その後は各自持ち込みです．それで，救援第１便は，３月14日の13時に相模原を出ていますが，実はその前に先遣隊が入っているんですね．それは食料や毛布，衣料品，医薬品などを運んだ物資輸送バスで，３月13日の未明に相模原を発って，確か３月14日の20時だったでしょうか，大船渡に到着しています．

　バスは，北里研究所病院，それから埼玉県北本市にあるKMC病院をまわって，四つの病院から非常食１万食を集めて，大船渡に入りました．大船渡では，１週間滞留するという覚悟を３月12日の夕刻に決めているわけですが，結局１万食全部は使わずにすみました．４千食は学部に残して，６千食ははやばやと大船渡市に提供していると思います．その辺の事情や詳しい数字はわかりませんが，そんなことがありました．

　困難は別のかたちで出てきました．福島原発１号機が３月12日に爆発し，

3号機が3月15日に爆発した．説明会で一斉救出を父母や家族に約束しましたが，引き受けてくれるバス会社がないのです．交渉は教学センターが行っていましたが，だいぶ難渋したと聞きました．危険地帯の可能性があるところに出向くことは法規上認められないからです．

一方で，医療系大学としての良点も出てきました．ガイガーカウンターで放射能の車両汚染検査からはじめて，帰ってきた学生，教職員全員の被曝検査をしようと．考えられることは万全に手を尽くしてから出発したことです．

また第1便には，大学の医療チームが同乗しました．健康管理センター長の岡田先生と蛯名保健師さんと臨床心理士の柘植先生です．3月14日の13時に相模原を発って3月15日の0時に大船渡に着いて，医療チームはすぐ帰路の搭乗者の健康診査にあたっています．それで，搭乗者は3台に分かれて乗ってもらいました．1台目は女子学生と，学位授与式で大船渡に来られていたご父母．2台目は男子学生，3台目は元気な男子学生．本当は法令に触れるのでしょうが，休憩後まもなく折り返して戻ってきました．

陽：そうですね，帰ってきたとき白金の大学の門前でガイガーカウンターで放射能の有無を調べられました．みんなまるで異常なし．大学の利点がうまく活用された場面でした．私も古矢さんと第3弾で出かけたわけです．

被害を受けていない大船渡のスーパーマーケットに，食品はまるで残ってない．残っているのは酒類でした．これには驚きました．酒は必需品ではないのですね．古矢さんの話を受けて緒方さん，どうぞ．

緒方：バスを出していただくということで，われわれの考えや方針もまとまりました．教職員には避難所とか学生の下宿を回ってもらい，バスが出るから集まれという連絡を張り紙なども用いて行ってもらいました．

また，学生諸君から自動車の鍵を預かったり，荷物を取りに行ってもらったりといった準備をあわただしく進めました．実はこの段階でもいろんな情報が錯綜しまして，結構大変でした．バスは夜11時ごろ着くだろうというこ

とで，8時ごろにはそれまでに研修所にいた学生も含めて全員を体育館に集めて待機させたんです．そこにまた次々に下宿などから集まってきましたので，300人を超えていたと思います．

　私がちょっといらいらしてしまったのは，バスがなかなか来ないことでした．300名も待たせているので，これ以上待たせるのは無理だと感じました．それで，着いたときに，運転手さんは大変な苦労して疲れておられたと思いますけれども，「とにかくすぐに出てほしい」とお願いしました．無理を承知のお願いでした．当然すったもんだしましたが，状況を理解していただき最終的には午前3時ごろ出発してもらいました．

陽：その時点での岡田さんのお話も伺いましょう．

岡田：地震後三陸キャンパスでは，ライフラインを全て失い，寒さ，余震の恐怖，原発事故の情報不足による不安などの中，数日間耐え，励まし合ってきた三陸キャンパスの教職員，学生の皆さんに敬意を表したいと思います．

　寒い体育館の中で，お互い支え合い頑張ってきましたが，それも限界に近づいていました．できるだけ早くこの悲惨な現実から逃げたい，逃がしてあげたい気持ちが現地で伝わってきました．いつ救援のバスがくるか首を長くして待っていた皆さんの気持ちは痛いようにわかります．しかし，バスの安全運行上，運転手の休養が必要で，すぐには出発できないことを伝えなければなりませんでした．最終的にはある程度妥協して，バスも無事に帰京出来ました．安全と安心の両立はいかに難しいかがわかりました．

　原発の放射能の問題もそうです．幸い三陸キャンパスはあまり影響はありませんでした．今後も，若い世代には放射能汚染の問題は深刻です．政治も方針を明確に出せない状態です．日本は基本的にはIAEAの基準に基づいて議論しています．IAEAは兵器を作る国も入っているので当然基準は甘くなっています．一方，ECRRはヨーロッパに本部を置く民間の団体です．こちらの基準では，かなり厳しい安全基準を提唱しています．そのため，後者を基準に議論すると話が合わなくなり，混乱し，不安の増大につながってい

るのが現状かと思います．医学会はもう少しこの議論に踏み込み，意見を集約し述べるべきと思いました．

陽：ピストン輸送をやってくれと嘆願した方も，それをやってくれた側も立派ですね．一番大変な時期ですね．緒方さんが統制し，他の教職員が協力されたこと，岡田さんが医師として協力されたこと，いずれにも敬意を表します．私が行ったときもそのような時期でしたね．

古矢：私たちが乗り込んだのは第3便で，3月17日の19時30分相模原発です．実は私，それまでに片付けなければならないことがありまして，それは情報を発出し，父母や家族，関係者の皆さんの不安を一掃することと，大学の着地点はどこなのか，全体の収束目標はどこなのかということを，理解してもらうことだったんです．

　3月13日の説明会の後に指揮チームで話し合って，翌日から発出する情報として14項目を決めました．翌日，計画停電というのが始まりまして，電車はまったく動かなくなりました．自宅軟禁です．だから自宅からその14項目に沿って3月14日に13報，15日に6報，16日に4報を発出して間に合わせました．何が幸いするかわからないですが，もし緊急説明会を3月13日に開いていなかったら，もしその後に発出項目を決めていなかったら，もし1週間後を目安に救援活動から教育再建に切り替えるという意識を持っていなかったら，後手にまわって事態はかなり混乱したのではないかと思います．

陽：この間いろいろなことがありました．あれほどの災害にもかかわらず，大船渡市の市民が並んでガソリンを買う姿を見ました．大きな喧嘩もない．略奪もない．山形・静岡・台湾などからの救援隊の姿があった．外国人の見た日本人の冷静な姿が，世界を駆け巡りました．

　教職員の献身的な姿にも感銘を受けました．ちょうどそんなとき，アメリカ海兵隊のヘリコプターがキャンパスの運動場に降りてきました．けが人を捜していたのです．北里大学のキャンパスでは，安全が確保でき食料もある

と説明したときは，なんだか誇らしかった．

古矢：1週間後くらいには，活動の目標を変えていこうと，そういう気持ちを持っていました．覚悟と言った方がいいかもしれません．9.11のときにジュリアーニ・ニューヨーク元市長は，世界貿易センタービルに起こった災害の救助と，第2第3のテロの回避，二方面を意識して取り組んだと読んだことがあります．しかも3割，7割で比重のかけ方が違っていたという．それになぞれば，後者の方は，学生の移動と経済的支援，教育再建があたるから，1週間後くらいを目安にギアを切り替えようと，そういう明確な認識を持っていました．

陽：緒方さんは，大変なご苦労をされました．1週間ぐらいウンコが出なかったとか．責任感と緊張感がそうした生理的現象として表れたのでしょう．学生たちの姿は？

緒方：避難生活を団体でやっていますと，学生の中で食事を作る係とか水を取ってくる係とか，掃除する係とかそういうのが自然に生まれてきました．それは，バスの第1弾が出た後かもしれません．4年生とか大学院生だけが残ったという状況だったかもしれません．ご飯を作る火はたき火でやっていましたけれど，時間になると，山のようなたき木が集まってくるとか，誰かがご飯を炊いてくれるとか．そういう意味では，とくに学生に「あれやれ，これやれ」と言った覚えはありません．私は非常に頼もしく思いました．北里魂というか，彼らのパワーなり，母校愛を非常に感じました．言い方は難しいですが，ああいう状況だからこそまとまって，教職員，学生が一体となったように思います．

　学生諸君を送り出してからの話ですけれど，避難所の規模を縮小しました．それまで三陸キャンパスが避難所の一つになっていましたので，食料の提供が，浦浜（大船渡市）の対策本部からありました．それをまず断りました．とにかく，そういうものは地元のために使ってくださいと．

加えて，食料，ガソリンなどに余裕ができてきましたので，それについても，さっきお話がありましたけれど，可能な限り提供するということにしました．もちろん，ガソリンについては，われわれの方も非常に苦しい時期がありました．もう残りが20ℓしかない，釜石まで出かけるガソリンもないというような状況がありました．そのような状況ですから，ガソリンが来るという情報には大変喜びました．

甦　生・復　興

陽：これまでの話の一部は，緒方さんと古矢さんが書かれた章にも紹介されている部分があるので，それを読んでもらうことにして，そろそろ引き上げから復興の話に入りましょう．学生の引き上げや講義の再開に向けて．柴学長からどうぞ．

柴：前にも話しましたが，まず当座4年間は学生の教育を相模原キャンパスで行うと決めました．約500人の学生に対して160人分ぐらいのアパートが流された．町がすぐに復興できないだろう．大学は町の中の一部ですから，町が復興しない限り大学は成りたたないわけです．復興には時間がかかるだろうと判断したのです．

半年経ちましたが町は復興していない．間違った判断ではないと思います．それに学生を教育することがまずは基本です．私学でしかもお金をいただいている．そういうものを最優先しなければならない．学生にきちんとした教育をして社会へ送り出さなければならない．

学生の授業をいつから，どこで，どうやってやるか決めなければなりません．アパートも確保しなければなりません．そのためには，相模原キャンパスを他の学部の協力の下に運営しなければならないのです．

さまざまな要因を考えて，ひとまず相模原キャンパスで海洋生命科学部の教育・研究を展開していくことに決めました．

陽：学長としての重い決断でした．大変な決断をされました．その決断に

沿ってみんなが動くことになるのです．外から単純に見れば，北里大学は大船渡から逃げたと思われがちですが，教育の視点から見れば頷けると思います．

　私は，学長の代理で大船渡の戸田公明市長にその説明に伺いました．北里大学が大船渡市の財政や政策の一部になっていた市としては，これまた市政の面から大学の復帰を要望されるのも宜なるかなと思います．立場と視点の違いでしょう．では，学長の決断で大学が動き出す姿をお話しいただきましょう．古矢さんから．

古矢：はい．3月17日の第三便は3月19日に帰ってきましたが，その第三便で大船渡にいた230名あまりの学生は全員こちらに戻ってきて，そこから教育の再建が始まりました．

　まず相模原市に，学生の就学に対しての支援をお願いしました．具体的には430名を超えるほど急に増えた学生のアパートの確保です．それから，教職員の方のご子息の受け入れ窓口を開いてもらうこと，公立小中学校と県の管轄になる公立高校に働きかけをしていただきました．

　そしたら大変ありがたいことに恵まれました．普通，どこの行政機関もそうですが，所管が違えばそちらに回されるのが当たり前ですが，相模原市は淡野企画部長が，「全部私が交渉します」と答えてくださいました．ワンストップです．嬉しかったですねえ．

陽：その話は，古矢さんが相模原市と連携が深かった歴史と，それから大船渡市と相模原市が姉妹都市だったという二つの大きな要因があったと思います．

古矢：決してそうではなくて，他の自治体でも同じような経験をしました．ですから，何といいますか，ああいう非常時には互いにカバーし合う，先に回って途を開く，そういう献身的な気持ちが働くんじゃないでしょうか．

　岩手県「科も課」の佐々木総括課長と古舘主幹も県防災対策室に急報を入

れてくださり，本来だったら大学から申し入れるはずの自衛隊派遣も，援助物資もすべて手配してくださいました．「私がやりましょう」と．大船渡市でも捜索願の提出で戸田市長から機敏な支援をいただきました．

　それから，麻溝台高校には講義用の教室の借用を打診したのですが，これも池田副校長が取り次ぎ，県教育委員会の承諾まで取り付けてくださいました．皆さんみごとというほかなかったです．

　講義室や研究室の確保は，3月19日頃から組み立て始めました．話せば長くなりますが，今の姿になるまでには結構な曲折がありました．学内は必ずしも皆協力してくれたわけでなく，自己主張がすぎるなどの反省すべき点もあるのではないかと思います．3月29日頃までには大体目星が立ったという状態になりました．カリキュラムについては，授業は5月9日から再開できましたが，各週授業を開くのは日程上無理ですから，結局1日4コマを同じ科目で重ねていく集中授業方式を組むほか方法はありませんでした．

陽：この間の挙動の困難さは，卒業式，カリキュラムの改正，入学式など大学として多忙な時期を背景に持っていることです．一方では，文部科学省からさまざまな許可を取らなければなりません．自画自賛になりますが，教職員の皆さんは実によくやられた思います．古矢さん続けていただけますか．

古矢：授業は5月の連休明けから再開できたことは先ほど申しました．その前の4月の1カ月間というのは，本当にいろいろな組み立てに追われてしまったという実感です．

　その後の数カ月も密度の濃い時間が流れて，一つひとつ詳しく申し上げる余裕はありませんが，整理すると大事な点がいくつか浮かびます．一つは「教訓はいつか忘れ去られる」，当事者がいる間は共有できているが，やがて忘れ去られる運命にあるということです．

　7月半ばに，電力供給危機問題，ブラックアウトにどう対処するかという問題が起こりました．ブラックアウトに備えて対策委員会を組織しておこう，対策委員の役割を決めておこうと提起したのですが，その後，準備でき

たとの報告はありません．つい数カ月前，東日本大震災への対処が比較的スムーズにできた経験があるのに，その時の教訓も身にしみてわかっているのに，活かそうとしない．それほど面倒なことでもないのですが，どうしたものでしょうか．

　それでも「教訓は残すことに尽きる」と思います．それよりほかに伝える方法がないのです．この座談会を記録として残そうとしていることも，教訓を後世に伝える目的からですね．経験した教訓の中から具体的な実践を提案するなら，ぜひ衛星電話を入れてほしい，できれば複数回線ずつ．各大学のシンポジウムでもそう申し上げて，実践を勧めています．

　二つ目は，普段からの備えですね．緒方先生からお話がありましたが，日頃の防災訓練，避難行動，防災教育．防災教育だけでなく，施設や設備の点検をする．点検をして不備を手当てする．それらの日常の活動がつくづく大事だと思います．

　災害緊急時にはいろいろな事態が一遍に押し寄せてきて，さまざまな葛藤も起こりますが，情報を共有し，皆で全体的な底上げをしながら活動することが利いてきます．情報を共有すれば，いつでも肩代わりでき，1人の負担は減りますね．情報共有が危機に立ち向かう三つ目の基本的な事項じゃないかと思います．

　情報発信の一元化も基本的な事項の一つです．言うまでもないことですが，誰かが情報をきちんと押さえて，さまざまな人の意見を聞いた上で発信する．大事な点をいくつか挙げるとしたらいま申し上げたことに絞られると思います．

陽：古矢さんが話したことは，教員や学生の日頃の心遣いのようなものが，大きく影響するものだと思います．緒方さんいかがでしょう．

緒方：古矢さんがおっしゃったことに尽きるのではないかと思います．現地での感想を申し上げますと，欲をいえば衛星電話がもう1，2台あってもいいのではないかとも思いました．

陽：先ほどの柴学長の話にありましたが，衛星電話の設置は大変重要なことだと思いますので，しっかりと座談会の中に残しておきたいと思います．

緒方：学生諸君が親と連絡を取りたいということが当然あります．しかし，衛星電話は安否確認作業など本部との唯一のパイプでしたので，残念ながら学生諸君の希望には応えてあげられませんでした．親御さんの御心配いかばかりかと思えば，もう少しあればという気はしました．それから，備えという意味では，今回エネルギー源の大切さを非常に感じました．ガソリンの備蓄とか，発電機を用意しておくとか，これがあったら楽だったなという印象です．

陽：この座談会をお読みになる方に，教訓ではなくて経験としてお伝えしたい．衛星電話が数台，エネルギー資源の確保，食糧の備蓄こそが必要だということを．他に何か？

古矢：教訓は忘れられる運命にあるわけですが，衛星電話の設置の勧めをすでに残している方がおられたのには驚いています．関西学院大学の井上学長先生ですが，阪神淡路大震災の記録を本にまとめられ，その中に書きとどめているんです．それをわれわれは読んでいなかった．読まなければ教訓も活かしようがないですね．われわれが備えたのは，平成16年10月23日に起こった新潟中越地震で，新潟キャンパスと音信がまったく途絶えてしまった反省に立ってからですから，記録を読んでいればもっと早く対処できていたかもしれません．

将来へ向けて

陽：さて，皆さんから濃度の濃いさまざまな体験・意見・感想などを具体的にいただきました．体験と言っても，緒方さんの体験と柴さん，岡田さん，古矢さんの体験は，さまざまです．おそらく私と緒方さんの体験には雲泥の差があります．体験の差はともあれ，みんなでこの危機を乗り越えたと思い

ます．まだまだ，いくらでもお話があるでしょう．でも，時間が足りません．そろそろ，今度の災害での教訓など思いつかれるままお話しいただき終わりにしたいと思います．

柴：今回の地震と津波が一挙に押し寄せた地域は，日本のチベットなどという言葉が使われた歴史がありました．こんな風に言われながら，この地域は経済至上主義と戦い生きてきました．この地域を今後，政府や国がどのような目で見ていくのか．今後どのような対応をしていくのか，注目する必要があります．単に労働を提供する場所にするだけではいけないと思います．人口構成，体制をどのようにするのか考えなければならないと思います．

　自然現象の脅威をある程度想定して，科学の力で最大限対応できる力を持たなければいけないと思いました．日本の力を獲得するためには，次の若い人をどう教育するかということとともに，人口構成の適正化ということも考えなければなりません．人口の構成が地盤沈下ともかかわっていますね．

　今年旅行した南アフリカで感じたのですが，格差はあるでしょうが，みんなの顔が明るいですね．資源が100％あることに関連しているのでしょうか．日本も将来自給率を高めなければなりません．国の豊かさは量でなく質にあると思います．危機をのりこえることに繋がるでしょう．

岡田：三陸キャンパスは自然に恵まれたとても素晴らしいキャンパスと思います．三陸での学生と話せた少ない経験からも，学生は三陸キャンパスが，非常に好きだったと思います．このキャンパスが破壊され，都会に戻されたショックは計り知れないものと思います．夏には，多くの学生がボランティアで三陸へ行ったと聞いています．震災で受けた心の傷はすぐには癒されません．数年はかかると言われています．自然を愛していた学生のためにも，是非，また三陸キャンパスで学べるチャンスを作って頂きたいと思います．

古矢：情報発信は自宅から行っていましたが，そのときに絶えず念じていたのは，自分は盲目である，ものが見えていないと思うことでした．一つの問

題に捉われると注意がそれだけに向かってしまい，書く内容が真実を表さなくなってしまう．表現も適切でなくなる．だから，第三者にチェックしてもらう仕組みを入れることにしました．一人は退官された水産学部の先生，もう一人は民間企業の研究者の方にお願いして，いつもチェックをしてもらっていました．4回ご指摘をいただいて，いったん上げた情報を書き変えたこともありました．

緒方：考えていたのは，学生諸君，教員も同じだと思うのですけど，われわれはある意味，被災者なんですけど，現地の被災者から見ると，被災者じゃないという点です．私も含めて，そこに非常に複雑な思いを抱いているんです．

　この思いというのは，なかなか人にも言えないし，うまく表現もできない．学生諸君の中には，たとえば1人が行方不明ですけど，彼女が駄目だったのに私は生きてるという思いもあるかもしれません．そういうふうに，非常に複雑な立場に置かれていて，なかなかコントロールが難しいだろうなと．

　震災を経験した皆さんがなんとなく意識していることに二つあるように思います．今回の津波のように人間の力が及ばないことも自然の中にはあると．そして人間の心の中にも，自分がうまく処理できない感情があると．どうすればよいか，私にも答えは見つかっていませんが，そういうことがあるんだということも素直に，何ていうんですか，認めることも必要だと感じつつあります．何でもクリアカットにいくものじゃないよと……．

　学生諸君にも，そういうところを感じて，何らかの形で今後に生かしていってくれればいいなという気がします．

陽：今のお話を聞いていて二つ思った．一つは，私はよく外部の人に言われるんです．「北里大学大変だったですね」「よくやられましたね」と．私はそれを自分のことと思えないんです．実は私よりもっと被害を被っていた海洋生命科学部の先生方や，実際に災害に出会った人が大変であって，私は大変ではないんです．大変な中に少し参加したなという思いだけです．

二つ目は最初に申し上げたように，緒方さんの経験と私の経験には雲泥の差がある．でもそれは，何というか，グレーな部分では共通なところがあるんだという認識の仕方でして，自分自身はやはり被災した大学の職員だと思っています．心としては，そうじゃなくてもっと強烈な問題をつかんだ人もいるんだと思いながら，今日の座談会もそんなつもりでいます．そういう意味では，緒方さんの言われることがよくわかるような気がする．

古矢：そのとおりですね．クリアカットできないことがあると自覚したとき，その人は違った視点を獲得したわけですから，成長した人間になっていますね．

陽：私も何点か挙げてみたい．一つは，生態系に畏怖の念を持つという教育が必要じゃないかという気がしました．人知を超えた何か偉大なもの，あるいは偉大なリズム，サムシンググレートというものを，学生たちが意識するような教育が必要ではないでしょうか．要は，謙虚になるという心だと思います．

　他にもいろいろある．やはり，常にエネルギー政策について学生も教職員も考えなきゃいけないということです．代表されるのは，東京電力福島第一原子力発電所のような放射能汚染を考えたときに，基本的には，わが日本がエネルギーをどうやって獲得していくかという問題を学生も教職員も一生懸命考えて，単なる理想論だけに走ることはできないということを認識する必要がある．

　それから，緒方さんの話を聞いて上杉鷹山の「自助・互助・扶助」の言葉を思い出しました．自分で自分を自ら助ける自助と，近隣社会が互いに助け合う互助，政府が助ける扶助，この精神をいつも意識しておかなきゃいけないんじゃないかと思います．

　自助はなった，そして互助もなった．ただ残念なことに，扶助がうまくいっているのか疑問ですね．これだけ立派な日本人がいるにもかかわらず，政府がそれをうまく束ねられない．

次に公益ですね．公益とは一体何であるのか．公益の何たるかを再考しなきゃならない．たとえば名前を出してしまいますが，民主党が「コンクリートから人へ」ということを言いました．「ダムは無駄だ」なんて言いました．とんでもない話だと思うんです．実はこの津波だって，ダムやコンクリートがあったからこれだけの災害で済んだということに思い至らないんです．大学の先生というのはよく，「コンクリートから人へ」は大変いいことだ，みたいな言い方をするんだが，コンクリートでどんなに人が助かったかという発想をせずに，単純な教育をする．これには異論があるだろうけど，あえて語りたい．言いたいこと，学生に教えたいことはたくさんあるけれど，今回の諸先生方の姿を見ていて，「物来順応」の人物を育てたいと思いました．

「物来順応」の人物とは，物が来たればこれに応じて対処できるような人物の育成のことです．いうなれば，マニュアルとは対極の行動が取れる人物をどう育てるか．普段は柄が悪くて，どうもあいつら教育の邪魔をしているというようなのがいたとします．ところがそいつらが実は物来順応で，何かのときに非常に役に立つという教育，このような人物を育てたいですね．

最後に，昔の京都帝国大学の田辺元のような「死の哲学」を教える先生が必要だと思いました．死の哲学というか，人は死ぬんだということをいつも考えておくような教育ですね．そういうことを教える先生が何人かいてもいいなと思いました．

時間も大幅に超過しました．最後に柴学長に一言お願いします．

柴：一連の災害と復興に対して，復興とはいったい何なのかということがよく自分の中で整理できずにいます．いまからもこのことを考えていきたいと思います．あれだけの大震災を心に留め置くことの必要性を感じています．そして，時間がかかっても継続的に被災者やその地域に援助を続けていくことが重要だと思っています．

陽：今回の災害の経験を未来のために活かすべく，わが大学の結束をますます深め，大学の使命である教育・研究・普及に力を尽くしていかなければな

りません．お忙しいところ座談会に参加いただき，本当にありがとうございました．

　なお，今日の座談会では，学長室の佐々木愛美さんにお手伝いを願いました．心よりお礼申し上げます．

付：関東大震災と北里柴三郎

　吉村昭の「関東大震災」[1]の目次は「大地震は六十年ごとに起こる」から始まる．その中で次のような会話がある．
　「たしかに統計的にも，六十年を一周期として大地震が起こっているという事実はあります．六十年前には，安政元（1854）年に伊勢，大和，伊賀を中心に大地震が起こり，翌年には江戸大地震が発生している．さらにその六十年以前には，天明二年，翌三年，つづいて寛政四（1972）年，同五年，同六年と江戸に大地震が集中し，浅間山も大噴火している……」．大正四（1915）年十一月十二日午前三時三十一分三十二秒に強震が起こってから五日後の午前八時五十一分の地震とそれにつづく余震まで，計六十五回という異常な数の地震が記録された年に，記者が東京帝国大学地震学教室の助教授今村明恒理学博士に問いかけた内容である．
　大正十二（1923）年九月一日午前十一時五十八分四十四秒，中央気象台と東大地震学教室の地震計の針が，突然動きはじめた．動きが緩慢だったのは五秒ほどで，針はにわかに急激な動きを示し，十五，六秒後には激烈に高まった．その瞬間，地震計の針が一本残らず飛び散り，すべての地震計が破壊してしまった．これが，大正四年の異常な地震の後に起こった大正十二年九月の関東大震災の始まりだったのである．
　大震災の約一年後の大正十三年十一月，恩賜財団済生会は，驚異的な早さと正確さで372ページに及ぶ「大震火災臨時救療誌」[2]を刊行している．第一編「序説」では，「関東大震火災被害の概況」を取り上げ，罹災世帯，同人口，居住，衛生，医療機関，通信交通機関などの概況を調査している．第二編「臨時救療事業総説並中央機関の活動」では，罹災時及其直後の状況，臨時救療事業の発議及其審議，臨時救療施設，救療作業の実施，皇室の恩眷及外部の

援助，会計，救療成績，臨時事業整理などの内容を解説している．第三編「各診療機関の活動」では，臨時赤羽病院，臨時麹町病院，臨時下谷病院，臨時信濃町病院，臨時柴病院，臨時駿河台産院，臨時三河島産院，臨時赤羽乳児院，東京市内臨時診療所，臨時巡回診療班，臨時診療班，臨時巡回看護班，東京府委託救療事業，臨時横浜病院及同院所属七診療班，臨時東神奈川病院，臨時小田原病院，臨時浦賀診療所，千葉県下両診療所などで行われた詳細な実態が報告されている．

この大震火災の中で医務主管として役員や評議員などで活躍した北里柴三郎の姿が，第二編の「臨時救療事業の発議及其審議」の章の中に読み取ることができる．また，第三編の「臨時駿河台産院」の章の「皇后陛下の行啓」の項では，大正十二年十一月十九日の皇后陛下の産院行啓に対して，北里医務主管も奉迎に参加したことが分かる．さらに，閑院宮大望載仁親王殿下が大正十二年九月十八日に臨時赤羽病院を訪問され，震災被害の実状を視察され，患者を慰問されたときに同行した北里柴三郎の姿が写真[2,3]に残っている．

その他，創立二十五周年記念出版恩賜財団済生会志[4]にも，「天災地変の臨時救護」の項でも閑院宮大望載仁親王殿下の行啓の写真が掲載されており，その中に北里柴三郎の姿を視ることができる．他の資料[5,6]にも大正の大震火災における北里柴三郎の活躍が散見される．なお以下に示した参考資料は，北里柴三郎記念室の森孝之氏および檀原宏文北里大学名誉教授から提供いただいた．記して謝意を表する．

参考資料

1．吉村　昭：関東大震災，文春文庫（2004）
2．大震火災臨時救療誌：恩賜財団済生会，恩賜財団著作・発行，大正13年（1924）
3．北里大学ホームページ：http://www.kitasato.ac.jp/kinen-shitsu/index.html
4．恩賜財団済生会志：創立二十五周年記念出版，恩賜財団済生会編纂発行，昭和12年（1937）
5．慶應義塾大学医学部10周年記念誌：昭和2年（1927）

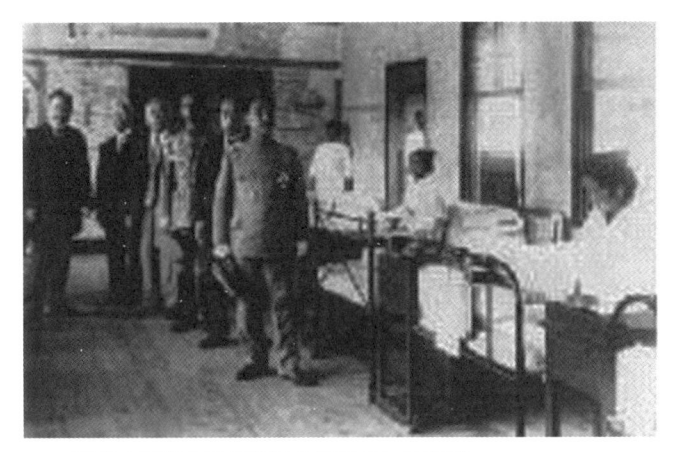

関東大震災の被害状況を視察される宮様．
総裁の閑院宮載仁親王．二人置いて院長の北里柴三郎．

6．恩賜財団済生会70年誌：昭和57年（1982）

参考資料

葉上太郎：津波に耐えた「死者ゼロの街」，文藝春秋，2011年9月号

陽　捷行・ブルース　オズボーン：この国の環境，アサヒビール・清水弘文堂書房（2011）

日本経済新聞：巨大地震8，20011年5月29日

理科年表平成19年（机上版）：国立天文台編，丸善株式会社（2006）

寒川　旭：地震の日本史－大地は何を語るのか－，増補版，中公新書（2011）

産経新聞：土・日曜日に書く，渡部裕明，2011年4月9日

産経新聞：3.11大地震，2011年4月13日

産経新聞：正論，渡辺利夫，2011年6月10日

ウィキペディア：東日本大震災，http://ja.wikipedia.org/wiki/%E6%9D%B1%E6%97%A5%E6%9C%AC%E5%A4%A7%E9%9C%87%E7%81%BD

吉村　昭：三陸海岸大津波，文春文庫（2004）

全国義援金総合募金会：http://saigai.org/a-kakotunami3.html

【東北地方太平洋沖地震状況】ご父母の皆様へ / 北里大学

【東北地方太平洋沖地震状況】ご父母の皆様へ

トップ ＞ 新着情報 ＞ 【東北地方太平洋沖地震状況】ご父母の皆様へ

本日（3/11）午後2時45分頃，東北地方太平洋沖地震が発生いたしました。
現在の被害状況をお知らせいたします。

十和田キャンパス

校舎の倒壊はなかったものの，停電等の被害がありました。キャンパス内にいた学生達には，怪我等の被害はありません。現在，キャンパス外にいた学生の安否確認を行っております。

三陸キャンパス

校舎の倒壊はなかったものの，停電等の被害がありました。津波により付近の市町村に大きな被害があります。現在，通信状況が悪く，詳細な状況が把握できておりませんが，引き続き，学生の安否確認を続けております。

その他キャンパス

学生に被害はありません。しかし，首都圏の交通が不通のため，白金キャンパス，相模原キャンパスにいた学生は，開放された学生食堂，講義室等において，交通の復旧を待っております。

平成23年3月11日21時現在
北里大学

http://www.kitasato-u.ac.jp/news/n20110311.html[2011/12/12 11:10:04]

付：関東大震災と北里柴三郎　　（179）

【重要】東北地方太平洋沖地震における三陸キャンパスの被害状況説明会

トップ ＞ 新着情報 ＞【重要】東北地方太平洋沖地震における三陸キャンパスの被害状況説明会

平成23年3月12日

海洋生命科学部ご父母の皆様

北里大学長

東北地方太平洋沖地震における三陸キャンパスの被害状況説明会について

平成23年3月11日午後2時45分頃に「東北地方太平洋沖地震」が発生いたしました。海洋生命科学部が位置する三陸キャンパス付近の市町村は、津波により大きな被害を受けたことから、本学は学生の安否確認を優先して、被害の情報収集に努めております。

ご父母の皆様におかれましては、大変ご心配のことと存じますが、充分な情報がない中で、本学が把握している安否状況、現場の被害状況、本学の支援体制を直接皆様にご説明いたしたく、下記のとおり「東北地方太平洋沖地震における三陸キャンパスの被害状況説明会」を開催いたします。

つきましては、お電話での説明等で不十分と思われる方は、説明会にご出席いただきますようご案内申し上げます。

なお、ご出席できない方のために、説明会はビデオ撮影し、翌日の3月14日（月）に北里大学ホームページに掲載することを申し添えます。

記

【東北地方太平洋沖地震における三陸キャンパスの被害状況説明会】

日時：平成23年3月13日（日）午後3時30分～
場所：北里大学相模原キャンパス L1号館 3階 31番講義室
　　　（〒252-0373 神奈川県相模原市南区北里1-15-1）

以上

【重要】東北地方太平洋沖地震における三陸キャンパスの被害状況説明会 / 北里大学

お問合せ先
北里大学教学センター安否確認係
042－778－9752・9753・9754

付：関東大震災と北里柴三郎

【第2報 東北地方太平洋沖地震状況】ご父母の皆様へ / 北里大学

北里大学
KITASATO UNIVERSITY

学校法人 北里研究所

ENGLISH｜モバイル｜お問い合わせ｜アクセスマップ｜サイトマップ

トップ｜入学したい｜大学を知りたい｜学部を知りたい｜学生生活を楽しむ｜卒業したら｜地域・一般の皆様

研究・産官学連携はこちら

【第2報 東北地方太平洋沖地震状況】ご父母の皆様へ

トップ > 新着情報 > 【第2報 東北地方太平洋沖地震状況】ご父母の皆様へ

第2報

3月11日午後2時45分頃、東北地方太平洋沖地震が発生いたしました。
平成23年3月12日10時現在の被害状況をお知らせいたします。

十和田キャンパス

校舎の倒壊はなかったものの、引き続き停電となっております。キャンパス内にいた学生達には、怪我等の被害はありません。
現在、キャンパス外にいた学生の安否確認を行っている途中ですが、怪我等の情報はありません。なお、通信状況が悪く、携帯電話が非常につながりにくい状況です。

三陸キャンパス

校舎の倒壊はなかったものの、引き続き停電等の被害があります。津波により付近の市町村に大きな被害があります。現在、通信状況が悪く、詳細な状況が把握できておりませんが、引き続き、学生の安否確認を続けております。
　なお、海洋生命科学部学生の安否確認の連絡先は、次のとおりです。
　※北里大学教学センター安否確認係 042－778－9752・9753・9754

その他キャンパス

学生に被害はありません。首都圏の交通も復旧したため大学から離れ帰宅しております。

平成23年3月12日10時現在
北里大学

お問い合わせ

資料・願書請求

プライバシーポリシー｜サイトの利用条件｜採用情報
Copyright c 2008. KITASATO UNIVERSITY ALL RIGHTS RESERVED

http://www.kitasato-u.ac.jp/news/20110312_2.html[2011/12/12 11:10:26]

【第3報 東北地方太平洋沖地震状況】ご父母の皆様へ／北里大学

【第3報 東北地方太平洋沖地震状況】ご父母の皆様へ

第3報

平成23年3月12日19時現在の被害状況をお知らせいたします。

十和田キャンパス

校舎の倒壊はなかったものの，引き続き停電となっております。キャンパス内にいた学生達には，怪我等の被害はありません。
現在，キャンパス外にいた学生の安否確認を行っている途中ですが，怪我等の情報はありません。なお，通信状況が悪く，携帯電話が非常につながりにくい状況です。

三陸キャンパス

校舎の倒壊はなかったものの，引き続き停電等の被害があります。津波により付近の市町村に大きな被害があります。通信状況が悪く，詳細な状況が把握できておりませんが，引き続き，学生の安否確認を続けております。
なお，キャンパスには備蓄している食糧があること，また，既に自衛隊と連絡が取れ，盛岡駐屯地から自衛隊が，食料補給等のために三陸地区に向かっております。

〔3月12日19時現在〕
○避難が確認された人数
　三陸キャンパス：学生162名，教職員25名
　近隣の避難地区：学生28名（避難場所の特定はできておりません。）
○連絡が取れない人数
　学　生：59名（大学院2名，学部4年生21名，3年生15名，2年生21名）
　教職員：3名

海洋生命科学部学生の安否確認の連絡先は，次のとおりです。
※北里大学教学センター安否確認係 042－778－9752・9753・9754

その他キャンパス

学生に被害はありません。首都圏の交通も復旧したため大学から帰宅しております。

【第3報 東北地方太平洋沖地震状況】ご父母の皆様へ／北里大学

平成23年3月12日19時現在
北里大学

http://www.kitasato-u.ac.jp/news/n20110312_3.html[2011/12/12 11:10:47]

付：関東大震災と北里柴三郎

【第4報 東北地方太平洋沖地震状況】ご父母の皆様へ

第4報

平成23年3月13日9時現在の被害状況をお知らせいたします。

十和田キャンパス

停電は解消しました。キャンパス内にいた学生達には、怪我等の被害はありません。
現在，キャンパス外にいた学生の安否確認を行っている途中ですが，怪我等の情報はありません。なお，通信状況が悪く，携帯電話が非常につながりにくい状況です。

三陸キャンパス

校舎の倒壊はなかったものの，引き続き停電等の被害があります。津波により付近の市町村に大きな被害があります。通信状況が悪く，詳細な状況が把握できておりませんが，引き続き，学生の安否確認を続けております。
大船渡市から救援物資（毛布，食料，飲料等）がとどきました。また，既に自衛隊と連絡が取れ，盛岡駐屯地から自衛隊が，食料補給等のために三陸地区に向かっております。

〔3月13日9時現在〕
○避難が確認された人数
  三陸キャンパス：学生162名，教職員25名
  近隣の避難地区：学生28名（避難場所の特定はできておりません。）
○連絡が取れない人数
  学 生：59名（大学院2名，学部4年生21名，3年生15名，2年生21名）
  教職員：3名

海洋生命科学部学生の安否確認の連絡先は、次のとおりです。
※北里大学教学センター安否確認係 042－778－9752・9753・9754

その他キャンパス

学生に被害はありません。首都圏の交通も復旧したため大学から帰宅しております。

平成23年3月13日9時現在

【第4報 東北地方太平洋沖地震状況】ご父母の皆様へ / 北里大学

北里大学

付：関東大震災と北里柴三郎　　（183）

海洋生命科学部の学生の皆さんの安否確認状況等について / 北里大学

海洋生命科学部の学生の皆さんの安否確認状況等について

トップ > 東日本大震災による本学の被災状況と対策 > 海洋生命科学部の学生の皆さんの安否確認状況等について

平成23年3月14日
北里大学

北里大学三陸キャンパス・海洋生命科学部の被災状況について、大学が把握している最新情報と、現在実施中の対策についてお知らせ申し上げます。この情報コンテンツは次のとおりです。

　　□□□学生の皆さんの安否確認状況について
　　□□□学生の皆さんの大学校舎・三陸研修所への避難救護状況について
　　□□□三陸キャンパスのライフラインの確保状況について
　　□□□大学校舎及びアクセス道路等の被害状況について
　　□□□学生の皆さんの救護・生活に関わる現地対策救護本部の基本方針について

1 学生の皆さんの安否確認状況について

この情報は、大学の「現地対策救護本部」（三陸町）が3月13日（日曜日）午前10時、大学校舎にいる学生の皆さんに点呼を取った結果と、「学生教職員安否確認本部」（相模原）の14日20時の確認情報をつき合わせた結果を基に作成しています。
　表中の「不確定」「未確認」に該当する学生の皆さんにつきましては、最優先の事項として、大船渡市災害対策本部や市内避難所とも連絡を取り合い、全力をあげ、手段を尽くして詳細の確認に努めております。
　現地対策救護本部と学生教職員安否確認本部、大学災害対策本部（白金）とは専用の衛星電話ネットワーク（後図参照）によって遅滞なく情報を交換しています。

学年		学部学生					大学院学生		
		1年	2年	3年	4年	合計	修士	博士	合計
在学生数		191名	185名	169名	170名	715名	37名	5名	42名
所在の確認がとれた方	大学避難	－	25名	25名	91名	141名	27名	5名	32名
	別避難所	－	9名	9名	7名	25名	1名	－	1名
	帰省・その他	－	140名	125名	39名	304名	7名	－	7名
所在の確認ができていない方	不確定	－	5名	4名	29名	38名	2名	－	2名
	未確認	－	6名	6名	4名	16名	－	－	－

註：1年次生は相模原キャンパスに在学中。
註：学部学生の合計数には休学生は含みません。
註：大学院修士課程学生数には研究生を含みます。

海洋生命科学部の学生の皆さんの安否確認状況等について / 北里大学

※用語について
　分類に当たっては、確実性を第一として慎重に行っています。次の用語には、それぞれ後述の方々も含まれていることを申し添えます。
　「不確定」：津波後、(1)教員により大学校舎で現認確認をできた方、(2)他の学生諸君から"見た"という情報を伝えられた方であっても、3月13日午前10時の点呼時に来ていない方は、こちらに分類されています。
　「未確認」：大学による情報収集で3月14日20時現在、安否の確認ができていない方を表します。引き続き、大船渡市災害対策本部とも連携して、情報収集に全力をあげてまいります。

※お願い
1)　この情報の詳細は、「学生教職員安否確認本部」に直接お問い合わせください。
　　学生教職員安否確認本部（相模原）：042－778－9752・9753・9754
2)　お持ちの情報があれば、学生教職員安否確認本部にお寄せください。

2 学生の皆さんの大学校舎・三陸研修所への避難救護状況について

「大学避難」の学生の皆さん168名は現在、大学の体育館、三陸研修所（現地地域図参照）ですごしています。学生の皆さんには教員25名と保健師1名、職員20名が、心身のケア、さまざまな相談、ご家族の皆様との連絡の要望、生活の支援などにあたっています。また、学生の皆さんからも安否情報の収集に努めています。

3 三陸キャンパスのライフラインの確保状況について

けっして十分とはいえませんが、食糧と飲料水は確保されています。岩手県の支援をいただき、自衛隊が派遣されその先遣隊が入ったとの情報が伝えられました。食糧、給水、毛布等が届けられはじめています。下水は沢水を利用しています。
　キャンパスは依然停電が続いており、電力は確保できておりません。ガソリン等も十分ではありませんが、自動車を節約利用しながら、市内避難所との連絡にあたっています。衛星電話（自動車バッテリー利用）により現地対策救護本部との連絡も比較的円滑に行えています。

4 大学校舎及びアクセス道路等の被害状況について

大学校舎の損害状況については、学生の皆さんの安否確認と安全確保を最優先にしているために、ひび割れなどの詳細は確認できていませんが、建物自体の倒壊や損壊などはありません。
　東京方面からのアクセスは国道4号線のみで場所によってはかなりの渋滞が予想されます。高速道路は災害救助車両のみに限られています。岩手内陸部から大学までの道路状況は、水沢江刺からの国道397号線と北上からの国道107号線は通行可能と聞いています。ただし、安全や交通規制についての詳細は、所管の交通局に確認が必要です。大船渡市から大学へは旧三陸道利用して大学に到達できるようになっています。以上の経路のガソリンスタンドは、地震被害を受けているために利用不能です。車による現地入りは慎重にお考えいただくようお願いいたします。

5 学生の皆さんの救護・生活に関わる現地対策救護本部の基本方針について

大学は、現地対策救護本部と可能な方法を協議し、次の方針の下に今後の対策に当たってまいります。
　　□□□近日中に全員、チャータバスにて首都圏に移動します。これは安全確保を最優先とし、学生の皆さんが個々に移動することによって不意の2次災害を回避するために、一斉移動が最も適切であると判断したものです。
　　□□□安全移動の条件が整うまでの間、全員、大学のケアが行える大学校舎に滞在します。
　　□□□その間の生活必要物資の補給を関係方面に逐次要請します。
　　□□□衛星電話を用いてご家族の皆さんと学生の皆さんが直接近況を連絡できるように極力努めます（ただし衛星電話（一回線、電源不十分）は緊急連絡用として優先）。

北里大学6キャンパス衛星電話ネットワークについて

http://www.kitasato-u.ac.jp/20110311/n20110314_1.html[2011/12/12 12:26:21]

海洋生命科学部の学生の皆さんの安否確認状況等について / 北里大学

北里大学6キャンパス衛星電話ネットワークについて（159KB）

現地地域図について

現地地域図について（597KB）

ページTOPへ　　一覧へ戻る

プライバシーポリシー｜サイトの利用条件｜採用情報　　　　　Copyright c 2008. KITASATO UNIVERSITY ALL RIGHTS RESERVED

http://www.kitasato-u.ac.jp/20110311/n20110314_1.html[2011/12/12 12:26:21]

付：関東大震災と北里柴三郎

学生の皆さんの安否情報は下表の問い合わせ先にお願い申し上げます / 北里大学

北里大学
KITASATO UNIVERSITY

学校法人 北里研究所

ENGLISH | モバイル | お問い合わせ | アクセスマップ | サイトマップ

トップ | 入学したい | 大学を知りたい | 学部を知りたい | 学生生活を楽しむ | 卒業したら | 地域・一般の皆様

研究・産官学連携はこちら

学生の皆さんの安否情報は下表の問い合わせ先にお願い申し上げます

トップ > 東日本大震災による本学の被災状況と対策 > 学生の皆さんの安否情報は下表の問い合わせ先にお願い申し上げます

平成23年3月14日
北里大学

◇大学各学部、大学院各研究科、専門学院、専門学校

学部・大学院・諸学校	所在地	お問い合わせ先	備考
薬学部, 薬学研究科	東京都港区	03-3444-6191	
獣医畜産学部, 獣医学部 獣医畜産学研究科	青森県十和田市	0176-24-9401	
医学部	神奈川県相模原市南区	042-778-9306	
水産学部, 海洋生命科学部 水産学研究科	岩手県大船渡市三陸町	042-778-9752 042-778-9753 042-778-9754	相模原キャンパス・学生安否確認係
看護学部, 看護学研究科	神奈川県相模原市南区	042-778-9933	
理学部, 理学研究科	神奈川県相模原市南区	042-778-8545	
医療衛生学部	神奈川県相模原市南区	042-778-9605	
医療系研究科	神奈川県相模原市南区	042-778-9557	
感染制御科学府	東京都港区	03-5791-6119	
北里大学保健衛生専門学院	新潟県南魚沼市	025-779-4511	
北里大学看護専門学校	埼玉県北本市	048-593-6800	

※水産学部、海洋生命科学部、水産学研究科につきましては、相模原キャンパス「学生教職員安否確認本部」学生安否確認係（北里大学教学センター内）にお願いいたします。

ページTOPへ　　一覧へ戻る

プライバシーポリシー | サイトの利用条件 | 採用情報

Copyright c 2008. KITASATO UNIVERSITY ALL RIGHTS RESERVED

http://www.kitasato-u.ac.jp/20110311/n20110314_10.html[2011/12/12 12:29:14]

学生安否確認状況について【第一報】／北里大学

北里大学
KITASATO UNIVERSITY

東北地方太平洋沖地震 東日本大震災による本学の被災状況と対策

学校法人 北里研究所

ENGLISH｜モバイル｜お問い合わせ｜アクセスマップ｜サイトマップ

トップ｜入学したい｜大学を知りたい｜学部を知りたい｜学生生活を楽しむ｜卒業したら｜地域・一般の皆様

研究・産官学連携はこちら

学生安否確認状況について【第一報】

トップ＞東日本大震災による本学の被災状況と対策＞学生安否確認状況について【第一報】

平成23年3月14日
北里大学

　大学の「現地対策救護本部」（三陸町）が3月13日（日曜日）午前10時、大学校舎にいる学生の皆さんに点呼を取った結果と、「学生教職員安否確認本部」（相模原）の14日20時の確認情報をつき合わせた結果、これまでに三陸キャンパスや大学以外の避難所等に避難されている、あるいは、帰省中等により所在の確認が取れた結果、を集約した学生の方々の名簿を掲載いたします。
　なお、安否確認情報については、新しい情報が入り次第、更新いたします。

- （1）大学に避難している方（平成23年3月14日20時現在）
- （2）大学以外の避難所に避難している方（平成23年3月14日20時現在）
- （3）帰省，その他に居る方（平成23年3月14日20時現在）

▲一覧へ戻る

プライバシーポリシー｜サイトの利用条件｜採用情報

Copyright c 2008. KITASATO UNIVERSITY ALL RIGHTS RESERVED

http://www.kitasato-u.ac.jp/20110311/n20110314_11.html[2011/12/12 12:30:02]

付：関東大震災と北里柴三郎

救援のためのチャーターバスの派遣について／北里大学

北里大学
KITASATO UNIVERSITY

学校法人 北里研究所

東北地方太平洋沖地震 東日本大震災による本学の被災状況と対策

ENGLISH｜モバイル｜お問い合わせ｜アクセスマップ｜サイトマップ

- トップ
- 入学したい
- 大学を知りたい
- 学部を知りたい
- 学生生活を楽しむ
- 卒業したら
- 地域・一般の皆様

研究・産官学連携はこちら

救援のためのチャーターバスの派遣について

トップ > 東日本大震災による本学の被災状況と対策 > 救援のためのチャーターバスの派遣について

平成23年3月14日
北里大学

本学では3月14日（月）午後1時、三陸キャンパスの学生の皆さんを救出し、合わせて大学医療チームによる医療活動を行うために、チャーターバス3台を現地に向けて派遣いたしました。概要は次のとおりです。

目的	学生等の救出及び大学医療チームによる医療活動のための災害対応派遣
出発日	3月14日（月）午後1時
出発地	北里大学相模原キャンパス
目的地	北里大学三陸キャンパス（大船渡市）
到着日	3月15日（火）予定
車両	チャーターバス3台（乗車定員66人、計198人）
搭乗者	大学医療チーム3名
積載物	救援物資

チャーターバス第一便は、緊急用車両として必要な高速自動車道特別通行許可証を取得し、本日午後1時に相模原キャンパスを出発しました。これには「大学医療チーム」（本学HP「大学医療チームの派遣について」を参照）が乗車し、現地にて医療活動を行います。また第二次救援物資（本学HP「三陸キャンパスへの救援物資の輸送について」を参照）も積んでおります。

バスは乗車定員66人、計198人が乗車することができます。学生の皆さんの健康状態や道路事情など移動の安全が確認でき次第、出来る限り多くの方に乗車をいただき、現地を出発し、下車後の交通事情を考慮し、当初の予定を変更して白金キャンパスに戻ってまいります。その詳細は大学HPに順次掲載いたします。第二便についても検討し合わせて掲載する予定です。

大学は、「現地対策救護本部」において学生の皆さんが個別に自家用車で移動することは控えるように周知しています。高速道路の通行が災害救援車に限定され、一般道の交通の安全が停電やガソリン払底等により十分に確認できない現状では、不測の事態の恐れもあるからです。皆様にはこのたびの集団移動の趣旨をご理解いただきたく存じます。

※関連情報：本学HP「海洋生命科学部の学生の皆さんの安否確認状況等について」をご覧ください。

救援のためのチャーターバスの派遣について／北里大学

計画停電が相模原キャンパスについて実施される予定です / 北里大学

計画停電が相模原キャンパスについて実施される予定です

トップ＞東日本大震災による本学の被災状況と対策 ＞計画停電が相模原キャンパスについて実施される予定です

平成23年3月14日
北里大学

　東京電力より明日3月15日（火）、「学生教職員安否確認本部」学生安否確認係（北里大学教学センター内）のある相模原キャンパスについて、計画停電が実施される予定であることが先程発表されました。
　実施された場合、学生安否確認係の電話（042－778－9752・9753・9754）は停電中であってもご利用いただけますが、ホームページの更新が遅延することも考えられますので、ご理解をいただきたく存じます。

日時：3月15日（火）
計画停電時間：午前9時20分〜午後1時のうち3時間
対象地域：北里大学相模原キャンパス所在地域

http://www.kitasato-u.ac.jp/20110311/n20110314_13.html[2011/12/12 12:29:45]

水産学部・水産学研究科の学生の皆さんへの就職支援について / 北里大学

水産学部・水産学研究科の学生の皆さんへの就職支援について

トップ > 東日本大震災による本学の被災状況と対策 > 水産学部・水産学研究科の学生の皆さんへの就職支援について

平成23年3月14日
北里大学

本学では、被災された三陸キャンパスの学生の皆さんの就職支援をよりきめ細かく行ってまいります。内定先へのご連絡、あるいは就職活動中でお困りの方は、下記北里大学就職センターに遠慮なくご相談くださるようお願いします。

問い合わせ・相談先

北里大学就職センター 相模原キャンパスL3号館1階
TEL：042－778－9746、9747
FAX：042－778－7988
e-mail：syusyoku@kitasato-u.ac.jp

大学による三陸キャンパスへの救援物資の輸送について / 北里大学

北里大学
KITASATO UNIVERSITY

学校法人 北里研究所

ENGLISH｜モバイル｜お問い合わせ｜アクセスマップ｜サイトマップ

トップ｜入学したい｜大学を知りたい｜学部を知りたい｜学生生活を楽しむ｜卒業したら｜地域・一般の皆様

研究・産官学連携はこちら

大学による三陸キャンパスへの救援物資の輸送について

トップ＞東日本大震災による本学の被災状況と対策＞大学による三陸キャンパスへの救援物資の輸送について

平成23年3月14日
北里大学

本学では、三陸キャンパスの学生の皆さん168名、教職員46名、ならびに関係者の支援のために救援物資を順次輸送しています。

◇第一便

3月13日（日）未明、2トントラックに食糧・飲料水・燃料・調理器具などの救援物資を積みこみ、相模原キャンパスを出発。途中白金キャンパスを経由し北里研究所メディカルセンター病院（埼玉北本）にて食料品を追加して同日午前6時に出発、3月13日（日）午後11時30分、現地に到着しました。

一便内容：(1)アルファ米1,550食、サバイバルフード600食、エビ雑炊300食、わかめご飯50食、ビーフライス540食、(2)乾パン1,200缶、(3)缶詰24ケース、(4)菓子類25箱、(5)水（1.5L×480本、500ml×1,032本）、(6)毛布（10枚入り）2ケース、(7)ガソリン100L、灯油54L、軽油200L、(8)鍋5個、かまどセット5個、煮炊き用かまど1個、(9)ポータブルトイレセット3ケース

◇第二便

3月14日（月）午後1時、「大学医療チーム（※）」の派遣と合わせて、チャーターバス3台（60人乗り2台、54人乗り1台）に医薬品・生活用品・作業着などの救援物資を積んで相模原キャンパスを出発、現地に向かっています。順調にすすめば3月15日（火）に到着予定です。

二便内容：(1)医薬品、生活用品、(2)下着、ジャンパー、作業着等の衣類、(3)軍手、長靴、ヘルメット、(4)毛布、(5)電池、ラジオ

※大学医療チームについては、「大学医療チームの派遣について」をご覧ください。

付：関東大震災と北里柴三郎

東日本大震災における北里大学三陸キャンパスの被災状況と対策の現状説明会について ― 緊急説明会 ― / 北里大学

東北地方太平洋沖地震 東日本大震災による本学の被災状況と対策

北里大学
KITASATO UNIVERSITY

学校法人 北里研究所

ENGLISH｜モバイル｜お問い合わせ｜アクセスマップ｜サイトマップ

トップ｜入学したい｜大学を知りたい｜学部を知りたい｜学生生活を楽しむ｜卒業したら｜地域・一般の皆様

研究・産官学連携はこちら

東日本大震災における北里大学三陸キャンパスの被災状況と対策の現状説明会について ― 緊急説明会 ―

トップ＞東日本大震災による本学の被災状況と対策＞東日本大震災における北里大学三陸キャンパスの被災状況と対策の現状説明会について ― 緊急説明会

東日本大震災による三陸キャンパスの被災状況と対策の現状について3月13日（日曜日）、緊急説明会を開催いたしました。その次第をお知らせ申し上げます。

東日本大震災による北里大学三陸キャンパスの被災状況と対策の現状について ― 緊急説明会次第 ―

平成23年3月14日
北里大学

本日はご心労の中、皆様には本説明会にご参集を賜りまして恐縮に存じます。三陸キャンパス・海洋生命科学部の被災状況と現在実施中の対策について、大学が把握している最新情報をご説明申し上げます。

◇日時・会場

平成２３年３月１３日（日曜日）１５：３０〜１８：００
北里大学相模原キャンパスL１号館３階 No.３１講義室

◇日時・会場

平成２３年３月１３日（日曜日）１５：３０〜１８：００
北里大学相模原キャンパスL１号館３階 No.３１講義室

◇出席者

柴 忠義（北里大学長）石館武夫（災害対策本部長）相澤好治（副学長）新村 拓（副学長）加戸隆介（海洋生命科学部教授）高橋明義（海洋生命科学部教授）北里英郎（全学学生指導委員長）岡田 純（大学健康管理センター長）間瀬行雄（事務本部長）古矢鉄矢（学長補佐）

◇次 第

開会 司会：古矢学長補佐

http://www.kitasato-u.ac.jp/20110311/n20110314_2.html[2011/12/12 12:26:35]

東日本大震災における北里大学三陸キャンパスの被災状況と対策の現状説明会について　－緊急説明会－/北里大学

ご挨拶：柴学長
石館災害対策本部長
第一部
　1　学生の安否確認状況について：加戸海洋生命科学部教授（以下同じ）
　2　学生の大学校舎・三陸研修所への避難救護状況について
　3　三陸キャンパスのライフラインの確保状況について
　4　大学校舎及びアクセス道路等の被害状況について
　5　学生の救護・生活に関わる現地対策救護本部の基本方針について
　　1）市内避難所への分散収容は支援が十分でなくなるので大学校舎にて対応
　　2）ライフラインの補給要請
　　3）帰宅希望学生の聞き取り調査と帰宅支援（ただし条件が整い次第）
　6　大学医療チームの三陸キャンパスへの派遣について
　7　平成23年度海洋生命科学部授業運営の基本方針について
　8　その他
第二部
　質疑応答
閉会

◇配布資料

1　学生の安否情報について
　1）安否を確認済みの学生リスト、2）安否を確認できていない学生リスト
2　北里大学6キャンパス衛星電話ネットワークについて
3　現地地域図について
　1）大学校舎・三陸研修所等の配置図、2）大船渡市及び周辺地域の中域図
　3）三陸地域の広域図

▶ 東日本大震災地震における三陸キャンパスの被害状況説明会映像配信について

▲ページTOPへ　　▲一覧へ戻る

プライバシーポリシー｜サイトの利用条件｜採用情報　　　Copyright c 2008. KITASATO UNIVERSITY ALL RIGHTS RESERVED

http://www.kitasato-u.ac.jp/20110311/n20110314_2.html[2011/12/12 12:26:35]

東日本大震災地震における三陸キャンパスの被害状況説明会映像配信について / 北里大学

東日本大震災地震における三陸キャンパスの被害状況説明会映像配信について

トップ＞ 東日本大震災による本学の被災状況と対策 ＞東日本大震災地震における三陸キャンパスの被害状況説明会映像配信について

東日本大震災による三陸キャンパスの被災状況と対策の現状について3月13日（日曜日）、緊急説明会を開催いたしました。その模様を映像配信いたします。なお、大学ホームページに掲載した内容と重複する部分や、時間経過とともに更新される情報につきましては、緊急説明会の趣旨を逸脱しない範囲内で一部を割愛させていただいております。

なお、収録音声の一部がとぎれている部分がございます。大変申し訳ございません。収録時の無線マイクの機器不具合によるものです。ご了承ください。

「東日本大震災による北里大学三陸キャンパスの被災状況と対策の現状」緊急説明会 （54：17）

動画をご覧になるには、Microsoft Windows Media Playerが必要です。

http://www.kitasato-u.ac.jp/20110311/n20110314_3.html[2011/12/12 12:27:02]

東北地方太平洋沖地震関連情報の集約について / 北里大学

東北地方太平洋沖地震関連情報の集約について

トップ > 新着情報 > 東北地方太平洋沖地震関連情報の集約について

東北地方太平洋沖地震に関する情報については、「東日本大震災による本学の被災状況と対策」ページに集約いたしました。下記または本学ホームページトップ画面、「東日本大震災による本学の被災状況と対策」バナーからご覧いただけます。

▶ 東日本大震災による本学の被災状況と対策

http://www.kitasato-u.ac.jp/news/n20110314.html[2011/12/12 12:26:00]

被災地域への入域はお控えくださるようお願い申し上げます / 北里大学

被災地域への入域はお控えくださるようお願い申し上げます

平成23年3月14日
北里大学

　三陸キャンパスに在学される学生のご家族、ご友人の皆様が、学生の皆さんの無事を祈るお気持ちは痛いほどよく分かります。私ども大学関係者もまったく同じ思いです。学生の皆さん全員が、何事もなく、一刻も早く帰途につけるよう毎日祈りながら、大船渡市災害対策本部や市内避難所と連携して、全力をあげて安否の確認に努めております。

　大学校舎に避難された学生の皆さんには、「現地対策救護本部」の教職員が一丸となって、出来る限りの心身のケアを行い、さまざまな相談や生活の支援にあたっています。「大学医療チーム」を派遣し、引き続き現地の教職員とともに救護と心理ケアに最善を尽くしてまいります。

　学生の皆さんの無事な姿を確認したいとのお気持ちに反して、被災地域の状況は報道で伝えられるとおり必ずしもよくありません。各災害対策本部等からは被災地域への入域を控えるよう要請が出されているとも伝え聞きます。通行道路の安全確保が行き届いていないことも報道されているとおりです。通行止めや渋滞、停電による信号機の停止などで交通事情もかんばしくなく、またガソリンや食糧などの確保も同様な事情に置かれております。

　本学は3月14日（月）午後1時、学生の皆さんを救出し、合わせて大学医療チームによる医療活動を行うために、「災害対応派遣」の許可を受けたチャーターバス3台を現地に向けて派遣いたしました。これは、上述の事情を勘案し、学生の皆さんが個々別々の行動をとることによって不測の事態を招かないよう、全員揃って移動することが現下でもっとも適切であると判断したからでございます。

　以上の趣旨をご理解いただきまして、自家用車などでの被災地域入りは、安全宣言が出されるまでお控えくださいますようお願い申し上げます。

http://www.kitasato-u.ac.jp/20110311/n20110314_7.html[2011/12/12 12:28:17]

付：関東大震災と北里柴三郎　　　（197）

平成23年度海洋生命科学部及び大学院の授業運営の基本方針について【第一報】／北里大学

東北地方太平洋沖地震 東日本大震災による本学の被災状況と対策

北里大学 KITASATO UNIVERSITY

学校法人 北里研究所

ENGLISH｜モバイル｜お問い合わせ｜アクセスマップ｜サイトマップ

トップ｜入学したい｜大学を知りたい｜学部を知りたい｜学生生活を楽しむ｜卒業したら｜地域・一般の皆様

研究・産官学連携はこちら

平成23年度海洋生命科学部及び大学院の授業運営の基本方針について【第一報】

トップ＞東日本大震災による本学の被災状況と対策＞平成23年度海洋生命科学部及び大学院の授業運営の基本方針について【第一報】

平成23年3月14日
北 里 大 学

未曾有の災害の中、海洋生命科学部及び大学院の在学生の皆さんには新年度を迎えるにあたり、心痛が絶えないものと案じて余りあります。つきましては、平成23年度海洋生命科学部及び大学院の授業運営の基本方針について、次のとおり決定したのでお知らせいたします。

◯海洋生命科学部新2年生

1）海洋生命科学部新2年生の授業は、相模原キャンパスで行います。

　4月中は休講とし、5月連休明けの開講をめざしています。
　教員の確保の関係で一部集中講義となりますので、シラバスは変更いたします。

2）5月の開講に向けて、学生の皆さんは住居を確保してください。

　大学として住居の斡旋や家賃などの補助を検討しています（方法・金額などの詳細は未定）。

◯海洋生命科学部新3・4年生

1）海洋生命科学部新3・4年生は自宅待機とします。

　早期の授業再開に努めます。
　状況により相模原キャンパス、あるいはその周辺において授業を行います。

◯大学院学生（修士課程・博士後期課程共通）

1）大学院学生は、修士課程・博士後期課程全員、自宅待機とします。

　早期の授業再開に努めます。
　状況により相模原キャンパス、あるいはその周辺において授業を行います。

※問い合わせ：教学センター学生課（TEL.042-778-9748、9323、9031）で受け付けております。

平成23年度海洋生命科学部及び大学院の授業運営の基本方針について【第一報】／北里大学

※詳細の連絡：掲示などのほか、大学HPにおいても順次掲載する予定です。

http://www.kitasato-u.ac.jp/20110311/n20110314_8.html[2011/12/12 12:28:36]

付：関東大震災と北里柴三郎　（198）

北里大学医療チームの三陸キャンパスへの派遣について / 北里大学

北里大学医療チームの三陸キャンパスへの派遣について

トップ > 東日本大震災による本学の被災状況と対策 > 北里大学医療チームの三陸キャンパスへの派遣について

平成23年3月14日
北里大学

本学は3月14日（月）午後1時、三陸キャンパスの学生の皆さん、教職員、教職員のご家族、及び大学校舎に避難された市民の皆様の心身のケアを目的とした医療活動を行うために、本学の医師1名、看護師1名、臨床心理士1名からなる「北里大学医療チーム」を第一便のバスにて派遣いたしました。概要は次のとおりです。

目的	学生、教職員、教職員の家族、大学校舎に避難された市民の心身のケア
医療チーム	医師1名、看護師1名、臨床心理士1名
出発日	3月14日（月）午後1時
出発地	北里大学相模原キャンパス
目的地	北里大学三陸キャンパス（大船渡市）
到着日	3月15日（火）予定
車両	チャーターバス

※関連情報：本学HP「救援のためのチャーターバスの派遣について」をご覧ください。

http://www.kitasato-u.ac.jp/20110311/n20110314_6.html[2011/12/12 12:28:00]

付：関東大震災と北里柴三郎

「救援バス第一便 乗車リスト」について / 北里大学

北里大学
KITASATO UNIVERSITY

学校法人 北里研究所
ENGLISH｜モバイル｜お問い合わせ｜アクセスマップ｜サイトマップ

東北地方太平洋沖地震 東日本大震災による本学の被災状況と対策

- トップ
- 入学したい
- 大学を知りたい
- 学部を知りたい
- 学生生活を楽しむ
- 卒業したら
- 地域・一般の皆様
- 研究・産官学連携はこちら

「救援バス第一便 乗車リスト」について

トップ > 東日本大震災による本学の被災状況と対策 > 「救援バス第一便 乗車リスト」について

平成23年3月15日
北里大学

　3月15日（火）午前2時30分に現地を出発した、「救援バス第一便 乗車リスト」を掲載いたします。
　第一便は、女子学生の皆さん、低学年の学生の皆さん、ご父母の方を優先いたしましたので事情をご理解いただきたくお願い申し上げます。
　第二便につきましても現在、十和田キャンパスにてバス２台を手配し、現地に向けて出発時間等の調整を行っています。詳細は後ほど掲載いたします。

　　救援バス第一便 乗車リスト （93KB）

　※関連情報： 　本学HP「救援バス第一便が首都圏に向けて出発しました」
　　　　　　　　本学HP「救援のためのチャーターバスの派遣について」

▲一覧へ戻る

プライバシーポリシー｜サイトの利用条件｜採用情報
Copyright c 2008. KITASATO UNIVERSITY ALL RIGHTS RESERVED

http://www.kitasato-u.ac.jp/20110311/n20110315_16.html[2011/12/12 12:31:22]

「救援バス第二便 乗車リスト」について / 北里大学

「救援バス第二便 乗車リスト」について

トップ ＞ 東日本大震災による本学の被災状況と対策 ＞ 「救援バス第二便 乗車リスト」について

平成23年3月15日
北里大学

3月15日（火）午後8時45分に現地を出発した、「救援バス第二便 乗車リスト」を掲載いたします。
第三便につきましては、現在、検討中です。

救援バス第二便 乗車リスト（8KB）

※関連情報： 本学HP「救援バス第二便が首都圏に向けて出発しました」
　　　　　　本学HP「救援バス第二便を現地に派遣しました」

▲一覧へ戻る

http://www.kitasato-u.ac.jp/20110311/n20110315_19.html[2011/12/12 12:32:56]

救援バス第一便が三陸キャンパスを出発しました / 北里大学

救援バス第一便が三陸キャンパスを出発しました

トップ ＞ 東日本大震災による本学の被災状況と対策 ＞救援バス第一便が三陸キャンパスを出発しました

平成23年3月15日
北里大学

救援バス第一便は、学生150名、ご父母11名、引率教員3名、計164名を乗せ、3月15日（火）午前2時30分に白金キャンパス（港区白金）に向けて現地を出発しました。

白金キャンパスの到着時刻は3月15日（火）午後6時頃を予定していますが、安全運行を維持するための運転手さんの充分な休憩時間の確保や道路事情などにより、遅延する可能性をあらかじめご了解いただきたくお願い申し上げます。

なお、本日3月15日の宿泊用として、都ホテル（港区）100名分、京王プラザホテル（新宿区）80名分の部屋を確保していることを申し添えます。

※関連情報： 本学HP「「救援バス第一便 乗車リスト」はこちらです」
本学HP「救援のためのチャーターバスの派遣について」

http://www.kitasato-u.ac.jp/20110311/n20110315_15.html[2011/12/12 12:31:05]

救援バス第二便が首都圏に向けて出発しました / 北里大学

救援バス第二便が首都圏に向けて出発しました

トップ > 東日本大震災による本学の被災状況と対策 > 救援バス第二便が首都圏に向けて出発しました

平成23年3月15日
北里大学

救援バス第二便は、学生69名、引率教職員およびその家族16名、計85名を乗せ、3月15日（火）午後8時45分に白金キャンパス（港区白金）に向けて現地を出発しました。現在乗車した方々の確認を行っており、午後11時頃には乗車リストを大学ホームページに掲載できる見込みです。

白金キャンパスの到着時刻は3月16日（水）午前8時頃を予定していますが、安全運行を維持するための運転手さんの充分な休憩時間の確保や道路事情などにより、遅延する可能性がある事をあらかじめご了解いただきたくお願い申し上げます。

なお、明日3月16日の宿泊用として、京王プラザホテル（新宿区）60名分の部屋を確保していることを申し添えます。

※関連情報： 本学HP「「救援バス第二便 乗車リスト」はこちらです」
　　　　　　本学HP「救援バス第二便を現地に派遣しました」

救援バス第二便を現地に派遣しました / 北里大学

北里大学
KITASATO UNIVERSITY

学校法人 北里研究所

ENGLISH｜モバイル｜お問い合わせ｜アクセスマップ｜サイトマップ

トップ｜入学したい｜大学を知りたい｜学部を知りたい｜学生生活を楽しむ｜卒業したら｜地域・一般の皆様

研究・産官学連携はこちら

救援バス第二便を現地に派遣しました

トップ＞東日本大震災による本学の被災状況と対策＞救援バス第二便を現地に派遣しました

平成23年3月15日
北里大学

本学では3月15日（火）午後2時、三陸キャンパスの学生の皆さんを救出するために、救援バス第二便2台を青森県十和田市から現地に向けて派遣いたしました。概要は次のとおりです。

目的	学生等の救出
出発日	3月15日（火）午後2時
出発地	青森県十和田市（北里大学十和田キャンパス所在）
目的地	北里大学三陸キャンパス（大船渡市）
到着日	3月15日（火）20時（予定）
車両	チャーターバス2台（乗車定員60人、計120人）

救援バス第二便は、緊急用車両として必要な高速自動車道特別通行許可証を取得し、本日午後2時に十和田を出発し、現地に向かいました。現地には本日午後8時頃到着の予定です。

現地では首都圏への移動に備えて、大学医療チームによる学生の皆さんの健康診査をすすめています。到着後、道路事情など移動の安全が確認でき次第、白金キャンパスに向けて出発します。現地出発時刻は本日午後9時頃で、白金キャンパス到着は3月16日（水）午前8時頃を予定しています。

到着時刻は、道路事情その他の影響により遅延することがあります。首都圏への移動の詳細と第二便乗車リストにつきましては、大学HPに順次掲載いたします。

大学は、さらに救援バス第三便の派遣も計画しています。

※関連情報： 本学HP「救援のためのチャーターバスの派遣について」
　　　　　　救援バス第一便が首都圏に向けて出発しました
　　　　　　本学HP「「救援バス第一便 乗車リスト」はこちらです」

救援バス第二便を現地に派遣しました / 北里大学

付：関東大震災と北里柴三郎

北里大学医療チームが三陸キャンパスに到着し医療活動を始めました / 北里大学

北里大学医療チームが三陸キャンパスに到着し医療活動を始めました

トップ ＞ 東日本大震災による本学の被災状況と対策 ＞ 北里大学医療チームが三陸キャンパスに到着し医療活動を始めました

平成23年3月15日
北里大学

　3月14日（月）午後1時に、チャーターバス第一便にて相模原を発った「北里大学医療チーム」は、3月15日（火）午前0時30分に三陸キャンパスに到着し、ただちに学生の皆さんをはじめ、大学校舎にいる方々への医療活動を開始しました。
　「北里大学医療チーム」は、本学の医師1名、看護師1名、臨床心理士1名をもって構成され、実施している医療活動は次のとおりです。

目的

学生、教職員・家族、大学校舎に避難された市民の心身のケア

医療活動

- 学生の皆さんの健康相談
- 首都圏移動に当たっての学生の皆さんの健康診査
- 応急手当が必要な方へのケア
- その他可能な範囲での医療活動

関連情報

- 「北里大学医療チーム」を三陸キャンパスに派遣しました」
- 「救援のためのチャーターバスの派遣について」
- 「救援バスが首都圏に向けて出発しました」（掲載予定）

http://www.kitasato-u.ac.jp/20110311/n20110315_14.html[2011/12/12 12:30:35]

学生安否確認情報【第二報】について / 北里大学

北里大学
KITASATO UNIVERSITY

学校法人 北里研究所

学生安否確認情報【第二報】について

トップ ＞ 東日本大震災による本学の被災状況と対策 ＞ 学生安否確認情報【第二報】について

平成23年3月17日
北 里 大 学

大学の「現地対策救護本部」（三陸町）と「学生教職員安否確認本部」（相模原）が突き合わせて確認した学生安否情報を，3月17日の午後6時の時点の第二報としてお知らせいたします。
なお，安否確認情報については，新しい情報が入り次第，更新いたします。

三陸キャンパスの学生安否確認状況

海洋生命科学部 三陸キャンパス在学生数	所在確認済み	所在未確認
569名 ※1	567名 ※2	2名

※1：学部学生 527名（2年187名，3年169名，4年170名，理学部学生1名）
　　大学院学生42名（修士課程33名，博士後期課程5名，研究生4名）
※2：「帰省中・その他の居所に滞在中」につき追確認中

所在が確認できた方（第二報）（平成23年3月17日18時現在）

※所在確認リストは，三陸キャンパスに在学する2年生以上の学部学生及び大学院学生を掲載しています。
※三陸以外のキャンパスに在学する学生（海洋生命科学部1年生（191名）及び他学部等学生）の安否情報については現在確認中です。

▲一覧へ戻る

http://www.kitasato-u.ac.jp/20110311/n20110317_23.html[2011/12/12 12:33:58]

付：関東大震災と北里柴三郎

救援バス第三便を現地に派遣しました

平成23年3月17日
北里大学

本学では3月17日（木）午後7時30分、三陸キャンパスの学生の皆さん、本学教職員及びその家族等を救出するために、救援バス第三便1台を相模原キャンパスから現地に向けて派遣いたしました。概要は次のとおりです。

目 的	学生、教職員及びその家族等の救出
出発日	3月17日（木）午後7時30分
出発地	北里大学相模原キャンパス
目的地	北里大学三陸キャンパス（大船渡市）
到着日	3月18日（金）午前7時（予定）
車両	チャーターバス1台（乗車定員60人）

救援バス第三便は、緊急用車両として必要な高速自動車道特別通行許可証を取得し、本日午後7時30分に相模原キャンパスを出発し、現地に向かいました。現地には18日午前7時頃到着の予定です。

到着後、道路事情など移動の安全が確認でき次第、白金キャンパスに向けて出発します。現地出発時刻は18日午後を予定しています。

※関連情報： 本学HP「（第一便）救援のためのチャーターバスの派遣について」
本学HP「救援バス第一便が首都圏に向けて出発しました」
本学HP「「救援バス第一便乗車リスト」はこちらです」
本学HP「救援バス第二便を現地に派遣しました」
本学HP「救援バス第二便が首都圏に向けて出発しました」
本学HP「「救援バス第二便乗車リスト」について」

救援バス第三便を現地に派遣しました / 北里大学

http://www.kitasato-u.ac.jp/20110311/n20110317_24.html[2011/12/12 12:34:16]

教職員の安否確認状況について【第一報】／北里大学

東北地方太平洋沖地震 東日本大震災による本学の被災状況と対策

北里大学
KITASATO UNIVERSITY

学校法人 北里研究所
ENGLISH｜モバイル｜お問い合わせ｜アクセスマップ｜サイトマップ

- トップ
- 入学したい
- 大学を知りたい
- 学部を知りたい
- 学生生活を楽しむ
- 卒業したら
- 地域・一般の皆様
- 研究・産官学連携はこちら

教職員の安否確認状況について【第一報】

トップ ＞ 東日本大震災による本学の被災状況と対策 ＞ 教職員の安否確認状況について【第一報】

平成23年3月17日
北里大学

海洋生命科学部及び釜石研究所に勤務されている教職員で、三陸キャンパスや大学以外の避難所に避難されている方、ご自宅におられる方など、これまでに所在が確認できた方々の名簿を掲載いたします。

なお、安否確認情報については、新しい情報が入り次第、更新いたします。

- 所在が確認できた教職員（平成23年3月17日9時現在）　（87KB）

▲一覧へ戻る

プライバシーポリシー｜サイトの利用条件｜採用情報

Copyright c 2008. KITASATO UNIVERSITY ALL RIGHTS RESERVED

http://www.kitasato-u.ac.jp/20110311/n20110317_21.html[2011/12/12 12:33:23]

付：関東大震災と北里柴三郎

北里大学教学センター安否確認係の勤務態勢の変更について / 北里大学

北里大学教学センター安否確認係の勤務態勢の変更について

トップ > 東日本大震災による本学の被災状況と対策 > 北里大学教学センター安否確認係の勤務態勢の変更について

平成23年3月17日
北里大学

「北里大学教学センター安否確認係」はこれまで24時間態勢で対応してまいりましたが，平成23年3月17日（木）より通常の勤務態勢に変更させていただきます。ご理解のほどよろしくお願いいたします。

曜日	午前	午後
月〜金	8：45〜11：10	12：10〜17：00
土	8：45〜12：00	

※原則として第2・第4土曜日は事務室を閉室します。

http://www.kitasato-u.ac.jp/20110311/n20110317_22.html[2011/12/12 12:33:39]

北里大学 KITASATO UNIVERSITY

【重要なお知らせ】平成22年度学位記授与式の中止について【第三報】

【重要なお知らせ】平成22年度学位記授与式の中止について【第三報】

3月21日（月・祝）に予定しておりました平成22年度学位記授与式は、今般の東北地方太平洋沖地震の余震もなお続いており、電力供給不足に伴う交通機関の混乱や計画停電、多数の卒業生が一堂に会することの危険も大きいことから、誠に残念ではありますが、中止することにいたしました。

卒業生・修了生の学位記の交付につきましては、当該学部等のホームページをご覧下さい。

学部等名	連絡先	
薬学部・薬学研究科	事務室 学生課	03-5791-6223、03-3444-6191
医学部	事務室 学生課	042-778-9306
看護学部・看護学研究科	事務室 学生係	042-778-9281
理学部・理学研究科	事務室 学生係	042-778-8545・8604
医療衛生学部	事務室 学生係	042-778-9250・9605
医療系研究科	事務室 学生係	042-778-9557
感染制御科学府	事務室 学生係	03-5791-6334

平成23年3月18日
北里大学

付：関東大震災と北里柴三郎

救援バス第三便が首都圏に向けて出発しました / 北里大学

救援バス第三便が首都圏に向けて出発しました

トップ > 東日本大震災による本学の被災状況と対策 > 救援バス第三便が首都圏に向けて出発しました

平成23年3月18日
北里大学

救援バス第三便は、学生およびご家族8名、教職員およびご家族33名、計41名を乗せ、3月18日（金）午後7時に白金キャンパス（港区白金）に向けて現地を出発しました。乗車した方々の「救援バス第三便 乗車リスト」を掲載いたします。
白金キャンパスの到着時刻は3月19日（土）午前8時頃を予定していますが、安全運行を維持するための運転手さんの充分な休憩時間の確保や道路事情などにより、遅延する可能性がある事をあらかじめご了解いただきたくお願い申し上げます。
なお、明日3月19日の宿泊用として、都ホテル（港区）31名分の部屋を確保していることを申し添えます。

救援バス第三便 乗車リスト（51KB）

※関連情報 ： 本学HP「救援バス第三便を現地に派遣しました」

http://www.kitasato-u.ac.jp/20110311/n20110318_27.html[2011/12/12 12:35:04]

平成23年度海洋生命科学部及び大学院の授業運営の基本方針について【第二報】／北里大学

平成23年度海洋生命科学部及び大学院の授業運営の基本方針について【第二報】

トップ＞東日本大震災による本学の被災状況と対策＞平成23年度海洋生命科学部及び大学院の授業運営の基本方針について【第二報】

平成23年3月19日
北里大学

平成23年度海洋生命科学部及び大学院の授業運営の基本方針について、3月14日（月）にホームページ上でお知らせいたしましたが、詳細が決定いたしましたので次のとおりお知らせいたします。

◇海洋生命科学部新2～4年生及び大学院学生（修士課程・博士後期課程共通）

- □□□海洋生命科学部新2～4年生及び大学院学生（修士課程・博士後期課程）の授業は、相模原キャンパスで行います。4月中は休講とし、5月連休明けの開講をめざして現在準備中です。教員の確保の関係で一部集中講義となりますので、シラバスは変更いたします。

- □□□学部・大学院の授業は、当面（平成23年度から平成26年度の4年間）は相模原キャンパスで行います（平成27年度以降は未定）。5月の開講に向けて、学生の皆さんは相模原キャンパス周辺にて住居を確保してください。
  大学として住居の斡旋や家賃などの補助を検討しています（方法・金額などの詳細は未定）。

◇海洋生命科学部新1年生

- □□□海洋生命科学部新1年生のオリエンテーション及び授業は、予定通り4月から相模原キャンパスで行います。オリエンテーションの日時、詳細についてはあらためてご連絡いたします。

- □□□授業は、当面（平成23年度から平成26年度の4年間）は相模原キャンパスで行います（平成27年度以降は未定）。学生の皆さんは相模原キャンパス周辺にて住居を確保してください。

◇問い合わせ

教学センター学生課（TEL.042－778－9748、9323、9031）で受け付けております。

平日：9:00～17:00
土曜：9:00～12:00（第1・3・5土曜日）

住居については、下記により物件情報を紹介しています。

http://www.kitasato-u.ac.jp/20110311/n20110319_29.html[2011/12/12 12:35:22]

おわりに

　大正12（1923）年9月1日の正午に起きた関東大震災は，地震で生じた火災によって東京の市街地の大半を焼き，首都圏で約10万人の死者を出したという．

　東京・銀座にあった実業之日本社の本社は，この地震で全焼した．しかし驚くことに，震災からわずか34日後，この会社は「少女の友」10月号として「震災画報哀話号」の発行にこぎつけた．カラーの表紙には，震災の恐怖におののく少女の背景に火災を逃げ惑う人びとや，瓦礫と化した建物が描かれている．

　本社が壊滅したので，「哀話号」は岩下小葉編集長宅などで編集作業を行い発行できたという．内容は，岩下氏の本社を脱出してからのおぞましい体験記，九死に一生を得た少女の実体験，家族を亡くした少女が絶望のあまり川に飛び込もうとしたとき，警察官に「だれが先祖・父母をまつるのか」と引き留められて生きる決心をした気丈な少女の話など，悲惨な話で満ちているという．

　生々しい貴重な証言が満載されているこの雑誌は，「奇跡の雑誌」であると東京大学地震研究所の都司嘉宣准教授は，産経新聞の「温故地震」の「関東大震災（1923）」で語っている．生死の境に遭遇しているまさに修羅場で，このような立派な本を，それも短期間で完成させた明治・大正の日本人に感服する．

　復興に向けてさまざまな作業が進んでいる．復興対策本部ができて金が配分され，被災地が甦生するわけではない．必要なことは，どのような災害で，どういう復旧への軌跡があったかという事実を，今の人びとや後世の人びとが認識することである．そのためには，今の子どもや，これから生まれる人

おわりに

たちへの記録を残さなければならない．震災にむけた新しい教科書だって必要であろう．ラフカディオ・ハーンの「生き神」や，吉村昭の「三陸海岸大津波」はそのことを教えてくれる．

　われわれのこの小冊子は，それらに比べると稚拙な情報と内容であるかもしれない．しかし，被災地からの学生・教職員の撤退，教育の再開，さらには教育のための学舎の建築など，破壊・絆・甦生の姿を時系列的に正確に記録した姿に特徴があると思っている．

　この本の記録が，今後いつ起こるかわからない震災・津波，またそれに伴う大学教育・研究の再建に何らかのお役にたてれば，甚大な幸せである．

　本書の作成にあたって，北里大学学長室の職員のみなさんに校正などのお手伝いをしていただいた．記して謝意を表します．

陽　捷行

JCOPY ＜（社）出版者著作権管理機構 委託出版物＞		
2012	2012年3月30日　　第1版発行	

北里大学農医連携
学術叢書第10号
東日本大震災の記録
－破壊・絆・甦生－

検印省略

　　　　　　　　　　　　　　　　　　　　　　　　みなみ　　　かつ　ゆき
　　　　　　　　　　　　　著作代表者　　陽　　　　捷　行

ⓒ著作権所有
　　　　　　　　　　　　　発　行　者　　株式会社　養　賢　堂
　　　　　　　　　　　　　　　　　　　　代　表　者　及　川　清

定価（本体4000円＋税）
　　　　　　　　　　　　　印　刷　者　　株式会社　丸井工文社
　　　　　　　　　　　　　　　　　　　　責　任　者　今井晋太郎

　　　　　　　　　〒113-0033 東京都文京区本郷5丁目30番15号
　発　行　所　株式会社 養賢堂　TEL 東京(03) 3814-0911　振替00120
　　　　　　　　　　　　　　　　FAX 東京(03) 3812-2615　7-25700
　　　　　　　　　　　　URL http://www.yokendo.co.jp/
　　　　　　　　　　　　ISBN978-4-8425-0495-7　C3061

PRINTED IN JAPAN　　　　製本所　　株式会社丸井工文社
本書の無断複写は著作権法上での例外を除き禁じられています。
複写される場合は、そのつど事前に、（社）出版者著作権管理機構
（電話 03-3513-6969、FAX 03-3513-6979、e-mail:info@jcopy.or.jp)
の許諾を得てください。